广东省铁路建设管理标准化系列丛书

铁路建设工程监督检查实务手册

第四分册 隧道工程

广东省交通运输厅 组织编写

人民交通出版社股份有限公司

北 京

内 容 提 要

《铁路建设工程监督检查实务手册》共6个分册，包括参建单位责任、路基与轨道工程、桥涵工程、隧道工程、房建工程、铁路四电工程。本书为第四分册，主要介绍隧道工程现场安全监督检查、隧道工程质量监督检查。

本书作为铁路建设工程监督检查实务手册，可供各级铁路建设行政主管部门、监管部门、监督机构和建设管理单位参考使用。

图书在版编目(CIP)数据

铁路建设工程监督检查实务手册.第四分册,隧道工程/广东省交通运输厅组织编写.—北京:人民交通出版社股份有限公司,2023.7

ISBN 978-7-114-18795-7

Ⅰ.①铁… Ⅱ.①广… Ⅲ.①铁路工程—工程施工—监督管理—广东—手册②铁路隧道—隧道工程—工程施工—监督管理—广东—手册 Ⅳ.①U215.1-62 ②U459.1-62

中国国家版本馆 CIP 数据核字(2023)第 090801 号

Tielu Jianshe Gongcheng Jiandu Jiancha Shiwu Shouce
Di-si Fence　Suidao Gongcheng

书　名：	铁路建设工程监督检查实务手册　第四分册　隧道工程
著　作　者：	广东省交通运输厅
责任编辑：	朱明周
责任校对：	赵媛媛　魏佳宁
责任印制：	张　凯
出版发行：	人民交通出版社股份有限公司
地　　址：	(100011)北京市朝阳区安定门外外馆斜街3号
网　　址：	http://www.ccpcl.com.cn
销售电话：	(010)59757973
总 经 销：	人民交通出版社股份有限公司发行部
经　　销：	各地新华书店
印　　刷：	北京建宏印刷有限公司
开　　本：	889×1194　1/16
印　　张：	6.75
字　　数：	119千
版　　次：	2023年7月　第1版
印　　次：	2023年11月　第2次印刷
书　　号：	ISBN 978-7-114-18795-7
定　　价：	52.00元

(有印刷、装订质量问题的图书，由本公司负责调换)

《铁路建设工程监督检查实务手册》

编审委员会

主　任：贾绍明

副主任：梁育辉　王　新　陈德柱　张　强

委　员：许传博　肖宇松　张　帆　符　兵
　　　　　顾建华　刘智成　黄力平　余国武
　　　　　安春生　刘明江　李奎双　庄碧涛
　　　　　姜云楼　肖秋生　王爱武　谭　文
　　　　　潘明亮　张　峰　陈山平　郭明泉
　　　　　张晓占　张春武

《铁路建设工程监督检查实务手册》

参与单位

主编单位：中铁大桥勘测设计院集团有限公司

参编单位：广东省铁路建设投资集团有限公司

广州地铁集团有限公司

深圳市地铁集团有限公司

广东省交通建设工程质量检测中心

广东省交通运输工程造价事务中心

中铁武汉勘察设计院有限公司

《铁路建设工程监督检查实务手册 第四分册 隧道工程》

参与人员

主要起草人员： 张春武　谈红福　王晓勇　王腾飞
　　　　　　　　李世久　段宝福　欧尔峰

主要审查人员： 王　新　许传博　符　兵　刘明江
　　　　　　　　庄碧涛　陆　晖　张　峰　张晓占
　　　　　　　　尹中彬

FOREWORD 序 言

推动铁路高质量发展是新时代新征程铁路工作的主题。高质量发展，离不开高质量的监管。广东省交通运输厅组织中铁大桥勘测设计院集团有限公司、中铁武汉勘察设计院有限公司等编制的《广东省铁路工程监管工作标准化指南》和《铁路建设工程监督检查实务手册》（以下分别简称《指南》和《手册》）是推动铁路建设工程监督工作规范化、正规化的具体举措，是推动铁路建设高质量发展、打造"轨道上的大湾区"、助力交通强省建设的重要体现。

《指南》聚焦基层监管人员监督业务不熟练、检查尺度不统一等难题，从"为什么查、查什么、怎么查、查完怎么办"等角度入手，系统地介绍了监管责任分工、监督服务机构的设置和人员要求，阐述了监管工作的方式方法，全面总结了勘察设计、工程造价、质量安全、建设市场秩序、投诉举报和事故调查等监管活动的工作要求和业务流程。《手册》以坚持问题导向、突出重点为原则，明确了工程质量安全的检查事项、检查环节、检查内容、检查方法、依据条款、问题描述、问题定性和处理，采用清单形式，简单明了，便于检查人员操作。

《指南》和《手册》具有很强的操作性，通过统一监管工作要求，细化工作流程，规范监管行为，明确监管重点事项实施清单，可进一步提升铁路监管效能。

《指南》和《手册》有利于指导和督促各工程参建单位全面落实各方主体责任，保证工程优质安全，有助于建设、设计、监理、施工单位技术与管理人员掌握铁路工程质量安全管理要点，检查、监督、控制工程的质量安全，对从事铁路建设工程监管和建设管理的读者也会有一定的帮助。

谨向广大的铁路建设管理人员推荐本系列丛书。

中国工程院院士

2023 年 6 月

PREFACE 前 言

为进一步规范和加强铁路建设工程监管工作,推进铁路高质量发展,依法履行监管职责,提升监管效能,建设优质安全、绿色高效的现代化铁路,广东省交通运输厅组织中铁大桥勘测设计院集团有限公司、中铁武汉勘察设计院有限公司等编制了《铁路建设工程监督检查实务手册》(以下简称《手册》)。《手册》依据现行铁路建设有关法律法规,充分吸收和总结国家铁路局及其地区监督管理局、广东省铁路建设工程监管工作的经验编制而成。

铁路是国家战略性、先导性、关键性重大基础设施,是国民经济大动脉、重大民生工程和综合交通运输体系骨干,在经济社会发展中的地位和作用至关重要。推动新时代铁路高质量发展,离不开有力有效的监管。《手册》的编制,既是落实中共中央、国务院印发的《质量强国建设纲要》和《国务院办公厅关于深入推进跨部门综合监管的指导意见》(国办发〔2023〕1号)的要求,强化事前事中事后全链条监管,提升监管工作标准化、规范化水平的务实举措,也是督促监管人员落实监管责任、规范监管行为的重要体现。

《手册》分为6个分册,包括《第一分册 参建单位责任》《第二分册 路基与轨道工程》《第三分册 桥涵工程》《第四分册 隧道工程》《第五分册 房建工程》和《第六分册 铁路四电工程》。《手册》具有以下主要特点:一是全面贯彻落实国家及铁路行业现行的法律、法规和标准规范,以推动铁路高质量发展为目标,坚持问题导向、突出重点为原则,确定了铁路建设工程现场安全、工程实体质量检查的事项清单。二是采用清单形式条目化地呈现了铁路各专业重点监管事项的检查环节、检查内容和检查方法,同时一一对应列出了每项检查内容依据的法律条款、问题的描述、突出问题的定性和行政处理建议,便于检查人员操作。三是每册附录列出了铁路建设工程监督检查常用的法律、法规、规章、制度、标准和规范等,并加以编号,在正文中以编号列出,方便查阅,例如:A01指附录"A 法律"的第01项——《中华人民共和国建筑法》,以此类推。

本书为《手册》的第四分册,主要介绍隧道工程现场安全监督检查、隧道工程质量监督检查,旨在明确隧道工程实体质量、现场安全监督重点事项,突出施工、监理控制关键环节,督促参建各方压实主体责任,克服当前隧道工程常见的质量通病,提高建设管理水平,保证工程优质、安全。

《手册》编撰过程中,参考了大量铁路相关法律、法规、规范、规程、验收标准和参考文献资料,特向原作者个人和单位表示感谢。同时,国家铁路局、广州铁路监督管理局给予了大力支持,在此一并感谢。

《手册》作为广东省铁路建设工程监管工作的依据,供各级铁路建设行政主管部门、监管部门、监督机构和建设管理单位参考使用。使用过程中发现的问题和意见建议,请反馈至广东省交通运输厅地方铁路处(地址:广州市越秀区白云路27号,邮政编码:510101),供今后修订参考。

广东省交通运输厅
2023 年 6 月

CONTENTS 目 录

第一章　隧道工程现场安全监督检查 …………………………………………… 1
　一、主要检查内容 ………………………………………………………………… 1
　二、安全控制措施 ………………………………………………………………… 2
　三、监督检查事项 ………………………………………………………………… 9

第二章　隧道工程质量监督检查 ………………………………………………… 37
　一、主要检查内容 ………………………………………………………………… 37
　二、主要质量问题及控制措施 …………………………………………………… 38
　三、监督检查事项 ………………………………………………………………… 41

附录　铁路建设工程监督检查常用的法律、法规、规章、制度、标准和规范
　…………………………………………………………………………………… 87

第一章
隧道工程现场安全监督检查

铁路隧道是修建在地下或水下并铺设铁路供机车车辆通行的建筑物。目前铁路隧道开挖方法主要有钻爆法、盾构法、全断面隧道掘进机(TBM)法、明挖法和沉管法。由于钻爆法可用于各种地质条件和地下水条件,适合各种断面,因此钻爆法是修建山岭隧道最通行的开挖方法;盾构法机械化程度高、掘进速度快、对周围环境影响小、施工安全性相对较高,在城市、江河湖海等地下隧道修建过程中应用广泛,尤其在大湾区铁路建设中得到了空前的发展。目前,我省铁路隧道建设规模巨大,钻爆法和盾构法隧道施工过程中的塌方、透水、火灾等工程事故时有发生,运营中的拱顶掉块、渗漏水等事故和病害有不断增多的趋势。因此,保障隧道工程现场安全、工程实体质量意义重大。

本节主要介绍基本作业安全、钻爆法和盾构法隧道施工作业安全监督检查的主要内容、安全控制措施和监督检查具体事项。

一、主要检查内容

铁路工程基本作业安全方面主要检查:危险性较大工程的专项施工方案编制、审批及现场执行情况,安全技术交底,安全培训,安全防护设施和安全防护用品,施工用电,施工现场防火管理,爆破作业,特种设备,起重吊装作业,高处作业安全,特殊环境作业安全,季节性施工安全等。

钻爆法隧道施工作业安全方面主要检查:基本规定,隧道风险管理,风险评估,洞口开挖及防护作业安全,超前地质预报,洞身开挖安全,台阶法开挖作业安全,分步法开挖作业安全,钻爆作业安全,找顶作业安全,装渣与运输作业安全,支护与加固基本作业安全、衬砌基本作业安全,监控量测作业安全,施工排水作业安全,通风与防尘作业安全,高地应力、高地温、突涌水不良地质和特殊岩土地质隧道、辅助坑道施工安全,应急救援等。

盾构法隧道施工作业安全方面主要检查:人员培训及持证上岗,专项施工方案,始发准备,始发与接收,换刀和检修,施工现场设施设备,环境保护措施,盾构机保养与维修,运输设备,垂直运输,施工运输等。

二、安全控制措施

(一)基本作业安全

1. 安全技术交底

(1)建设单位要提高对技术交底工作重要性的认识,将技术交底作为铁路建设工程安全生产管控的重要内容,按照《广东省铁路工程施工安全标准化指南》的要求,加强对技术交底工作的管理,及时协调解决技术交底中存在的问题。

(2)建设单位应组织好设计首次交底工作,安排好重难点、高风险和采用新结构、新材料、新工艺工程的设计技术交底工作,将设计意图、设计要求和施工注意事项及时传达到施工和监理单位。

(3)建设单位应督促施工、监理单位做好施工图设计文件现场核对,将现场核对和实施过程中发现的问题及时反馈给勘察设计单位,提请勘察设计单位进行交底。

(4)勘察设计单位应将设计技术交底作为勘察设计工作的重要组成部分,要认真做好技术交底准备工作,及时将设计意图、设计内容、施工注意事项等向施工、监理单位交代清楚。

(5)施工单位应将施工技术交底作为施工的基础,必须认真做好施工技术交底准备工作,将施工方案、施工工艺、施工注意事项等向作业人员交代清楚。经批准,施工方案及施工工艺发生变化的应及时进行补充交底。

(6)建设单位、监理单位应加强对施工单位技术交底工作的监督管理,对分级交底工作进行检查,对施工技术交底纪要进行检查和抽查,督促施工单位全面做好技术交底工作,准确交到具体作业层面。

2. 安全培训

(1)建设各方应建立健全安全生产教育培训制度,制订培训计划,对参建人员按规定进行培训,考核合格后方可上岗。

(2)参与工程施工的项目负责人和专职安全管理人员、特种作业人员应经专门的安全培训,考核合格后方可上岗。

(3)施工单位应记录管理人员和施工作业人员安全生产教育培训情况,培训时间应符合国家和行业有关规定。

3. 安全防护设施和安全防护用品

(1)铁路工程施工应遵守国家有关劳动保护的法律法规,按规定配备、使用劳动保护和安全防护等用品。

(2)进入现场的所有人员应按规定配备和使用劳动防护用品。

（3）应实行安全防护设施验收制度。安全防护措施应与主体工程同时设计、同时施工、同时投入生产和使用。

（4）临时拆除或变动安全防护设施时，应经施工负责人批准，并采取相应的可靠安全措施，作业后应立即组织恢复。

4. 施工用电

（1）施工现场应建立用电安全技术档案，定期对施工用电系统进行检查、检测和维护。

（2）每台用电设备应设备自专用的开关箱，严禁用同一个开关箱直接控制两台及以上用电设备。

（3）配电箱、开关箱应有名称、用途、分路标记，有锁，有防雨措施，不得放置杂物，并由专人负责定期检查、维修。

5. 施工现场防火管理

（1）应建立施工消防管理制度、防火安全责任制、动火审批制度、易燃易爆物品的管理制度。

（2）施工现场应设置灭火器、水桶、沙箱、锹等防火专用工具，并配备防雨防冻设施，定期维护更新。

（3）施工现场焊、割作业开始前，应将作业现场下方和周围的易燃物清理干净。焊、割作业结束后或离开操作现场时，应切断电源、气源，检查现场，确认无余热引起燃烧危险。

6. 爆破作业

（1）施工现场应建立爆破器材安全管理制度、岗位安全责任制，制订安全防范措施和事故应急预案。

（2）爆破作业和爆破器材的装卸、运输、储存、申领、发放、使用和销毁等环节，应符合《爆破安全规程》和公安机关有关规定。

（3）爆破作业单位应具备爆破施工企业资质，并取得爆炸物品的购买、储存、运输和爆破作业许可证。

（4）爆破作业人员应按规定接受培训，经考核合格后持证上岗。

（5）爆破作业应有安全评估及专项施工方案，并经有关部门审核批准后，方可实施。爆破作业应由专人统一指挥，划定安全区，布设警戒岗哨，设置警戒标识。爆破作业结束、确认安全后，方可解除警戒。

7. 特种设备

（1）施工单位应建立特种设备安全技术档案，建立健全特种设备岗位责任制、维修保养、交接班、定期检查、隐患治理、应急救援等管理制度，制订操作规程。

(2)特种设备应按国家有关规定取得使用登记证书。

(3)特种设备安全管理人员、检测人员和作业人员应当按照国家有关规定取得相应资格,方可从事有关工作。

(4)使用的特种设备应按规定进行检测和维护保养。

8. 起重吊装作业

(1)吊装作业场地应平整坚实,作业区应设置警示标志,非操作人员不得入内,夜间施工应有足够的照明。

(2)吊装作业前,应将支腿全部伸出,并支垫牢固。调整支腿应在无载荷时进行,且起重臂全部缩回、转至正前或正后。作业过程中发现支腿沉陷或其他异常情况时,应立即放下吊物,进行调整后方可继续作业。

(3)吊装作业中,吊环应顺直。吊绳与起吊构件的交角小于60°时,应设置吊架或吊装扁担,使吊环垂直受力。

(4)吊装作业中,当重物吊起、转向、走行、接近人员、下落时,应鸣铃示警。吊装物上严禁站人。

(5)吊装钢筋、型钢、管材等细长和多根物件时,应捆扎牢固、多点起吊。

(6)电动起重机械进行维护保养时,应切断主电源、加锁并挂上标志牌。

(7)起重机械在作业中停机时,应先将重物落地,不应将重物悬在空中停机。

9. 高处作业

(1)高处作业应系安全带,安全带应采用高挂低用的方式挂在牢固的物件上,不得在一个物件上拴挂多根安全带。

(2)作业人员应使用专用的通道或爬梯上下,不得攀登脚手架。攀登的用具、结构构造应牢固可靠。

(3)遇六级及以上大风、暴雨、浓雾等恶劣天气,不得进行室外攀爬与悬空作业。

(4)搭设与拆除防护设施时,应设警戒区,并派专人监护。拆除时应自上而下,严禁上下同时拆除。

(5)施工现场立体交叉作业时,下层作业的位置应处于坠落半径之外。当达不到规定时,应设置安全防护棚,下方应设警戒隔离区。

(二)矿山法隧道

1. 隧道开挖安全

(1)隧道洞身开挖严禁擅自改变开挖工法,应控制开挖循环进尺,及时支护。

(2)隧道开挖应加强地质情况的观察。穿过节理发育、易于风化的岩层时应加强观测,合理开挖,防止塌方。

（3）应有专人找顶找帮。应在洞内爆破后采取通风排烟、洒水降尘等措施，确认作业环境符合要求后进行找顶作业。

（4）找顶作业应先用挖掘机等机械设备找顶，经安全员确认后，方可进行人工找顶作业。找顶作业应检查有无盲炮、有无残余炸药及雷管，清除开挖工作面松动的岩块，对已开挖支护地段的支护结构变形或开裂进行处理。

（5）两工作面接近贯通时，两端施工应加强联系，统一指挥。当两端工作面间的间距剩余8倍循环进尺，或接近15m时，应停止一端工作，将人员和机具撤走，并在安全距离以外设立警戒标志，防止人员误入危险区。

（6）钻爆作业应根据地质情况、开挖断面、炸药种类等条件进行钻爆设计，并通过试验确定爆破参数，如遇地质变化应及时修改设计。设计确定后，严格按照设计进行钻孔、装药、接线和引爆。使用带支架的风钻钻眼时，应将支架安置稳妥；站在渣堆上操作时，应注意石渣是否稳定，防止操作时石渣塌滑。

（7）洞内爆破作业必须统一指挥，并由经过专业培训、持爆破操作合格证的专职爆破工进行。爆破时，所有人员应撤到不受有害气体、震动和飞石损伤的地点。在两个开挖面相距200m以内时，爆破前必须提前1h通报，以便另一头作业人员撤离危险区。

2. 隧道支护安全

（1）根据围岩特征采用不同支护类型和参数，及时施作密贴于围岩的柔性喷射混凝土和锚杆支护，以控制围岩的变形和松弛。

（2）在软弱破碎围岩地段，应使断面及时闭合，以有效地发挥支护体系的作用，保证隧道的稳定。

（3）洞口地段围岩一般不够稳定，容易坍塌，支护应特别加强，一般是在加设锚杆、钢筋网、护坡和喷射混凝土之后再开挖洞口段；当有坍塌可能时，可先安设长锚杆或钢管等，在其防护下开挖。

（4）架立支撑之前，应将工作面危石清除干净，以保证施工人员的安全。

（5）喷射混凝土作业前应先清除喷射地段的危石，用高压水冲洗岩面、清除岩粉，使喷射层与岩面密贴，脚手架平台牢固可靠并设置防护栏杆，同时加强工作面的照明。

（6）向锚杆孔注浆，压力不宜过大；如发现压力过高，应立即停风，排除堵塞。注浆管喷嘴严禁对人放置，以防高压喷射物喷出伤人。

（7）加强围岩量测，当发现量测数据有不正常变化或突变，洞内或地表位移值等于或大于允许位移值，洞内或地面出现裂缝，喷层出现异常裂缝，必须立即通知现场作业人员撤离现场，采取处理措施后方可进行继续施工。

（8）施作衬砌使用的脚手架、工作平台、跳板、梯子等应安装牢固，靠近运输道一侧应有足够的净空,以保证车辆、行人安全通行,脚手架、工作平台上应搭设不低于1m的栏杆,底板应铺设严密,木板的端头必须搭在支点上,严禁出现探头板,不得以边墙架兼作脚手架。

3. 装渣与运输安全

(1)装渣作业应规定作业区域;机械作业时,回转范围内不得有人通过或停留。

(2)装渣过程中,发现渣堆中有残留的炸药、雷管时,应立即通知专业人员处理。

(3)装渣铲斗不得经过运输车辆驾驶室上方。

(4)长隧道的出渣运输宜建立工程运输调度机制,统一指挥,以提高运输效率,确保作业安全。

(5)各种运输设备不得人料混装,各种摘挂作业必须由专职人员负责。

(三)盾构法隧道

1. 设计源头安全

应在设计源头避免以下安全隐患:

(1)盾构选型错误。

(2)刀盘设计强度不足,刀盘形式不合适。

(3)砂卵石地层盾构装配扭矩不够。

(4)盾尾间隙过小。

(5)泥水循环系统设计不合理。

2. 施工安全控制措施

盾构组装、拆卸、始发、到达、穿越重要建(构)筑物、穿越特殊地层、穿越江河湖海、盾构换刀、联络通道开挖、掉头、过站等应编制专项施工方案,经审批后实施。

1)盾构机吊装、组装、拆解

(1)进场设备必须严格履行报验手续,确保设备工况良好,安全装置完备有效。盾构机吊装单位必须具备相应的施工资质及安全生产许可证。起重机械必须经检验合格,各类安全证明材料应齐全有效。操作及指挥人员应持证上岗。

(2)吊装前,应验算地基承载力、检测端头加固效果、预判对周围环境的影响,再进行试吊。盾构机吊装现场必须设置吊装警戒区域,并按基本作业安全相关要求采取警示及隔离措施。

(3)盾构过站、掉头及解体时,基础、托架或小车的强度和刚度应满足相关要求。

(4)盾构平移、顶升时要缓慢平稳。

(5)盾构解体前,应关闭各个系统,充分释放带压系统压力。解体过程中各个部件应支撑牢固。

2)盾构始发

(1)盾构始发前必须对工作井周围的端头土体进行提前加固处理,确保端头土体能满足强度、稳定性和渗透性的要求。端头加固是盾构始发技术中最为重要的环节,必须加以重视。

(2)盾构始发掘进时的总推力应控制在反力架所能承受的范围内,同时确保在此推力下刀具切入地层所产生的扭矩小于始发基座所能提供的反扭矩。

(3)在盾构推进、建立土压过程中,应注意洞门密封、始发基座变形、反力架及反力架支撑的变形,对渣土状态等情况进行认真观察,严格控制盾构的施工参数。发现异常后,应迅速调整土压力(泥水压力)、盾构推力、推进速度、刀盘扭矩等相关施工参数,或马上停止掘进,查清原因,寻找解决办法。

(4)由于始发基座轨道与管片存有一定空隙,为了避免负环管片全部脱离盾尾后下沉,可在始发基座导轨上焊接外径与理论间隙相当的圆钢,用圆钢将负环混凝土管片拖起。

(5)随着负环管片的拼装,应不断用准备好的木楔填塞负环管片与始发基座轨道及三角支撑之间的间隙,待洞门围护结构拆除后,盾构应快速通过洞门进行始发掘进施工。

(6)当盾构掘进至第60～100环时(视地层、设备总长度与同步注浆情况确定具体数值),可拆除反力架及负环管片。盾构施工中,始发掘进长度应尽可能缩短,但不短于以下两个长度中较长的一个:一是管片外表面与同步注浆浆液(凝固后)之间的摩擦力应大于盾构的推力,根据管片环的自重及管片与浆液之间的摩擦系数,计算出此长度;二是盾构的始发长度应至少能容纳盾构及后配套台车。

(7)盾构始发过程中,严格控制同步注浆浆液的质量,严格进行渣土管理,防止由于浆液质量问题或者渣土管理控制不当造成地表沉降或隆起。盾构始发过程中必须加强监控量测,及时调整盾构掘进参数。

(8)盾尾完全进入洞门密封后,调整洞门密封,及时通过同步注浆系统对洞门进行注浆,封堵洞门圈,防止洞门密封处出现漏泥水和浆液外漏现象。

(9)盾构始发阶段也是盾构设备的磨合阶段,要注意推力、扭矩、土压力等参数的控制,同时要注意各部位油脂的有效使用以及各种润滑油脂系统是否正常。

(10)洞门破除以后,应该立即推进盾构。若采用泥水平衡盾构,由于临时洞门破除过程留下的混凝土残渣容易堵塞泥水循环管路,因此,必须在确定障碍物已经清除干净后才能进行始发掘进。

(11)盾构刀盘完全进入地层后,逐渐开始对掘削面加压,在监控洞门密封状况的同时缓慢提高土压力,直到达到预设压力值。盾构刀盘和尾部通过洞门密封装置时,易造成密封装置状态不正,从而导致密封装置局部破坏,此时应密切注意监控,如有局部破坏,应立即采取相应处理措施,尤其是泥水平衡盾构或土压平衡盾构洞门处存在水、沙时。盾构宜保持慢速推进,待整个盾构主机完全进入洞门后,及时进行壁后同步注浆,封堵洞门,确保端头土体的稳定性。

3)盾构掘进

(1)应根据水位、地质、施工监测、试掘进经验等进行分析、总结,确定合理的盾构掘进参数。

(2)出渣异常时,应立即停机,关闭螺旋输送机仓门。

(3)泥水平衡盾构掘进时,应保持泥浆压力与开挖面的水土压力相平衡、排土量与开挖量相平衡。

(4)土压平衡盾构开挖土体,应保持良好的渣土改良效果和渣土流动机制,防止螺旋输送机喷涌,保证开挖面稳定。

(5)两台盾构同向掘进时,应根据不同地质错开50~100m的安全距离。

4)盾构接收

(1)盾构到达前应检查端头土体加固效果,确保加固质量满足要求。

(2)做好贯通测量,并至少在盾构贯通之前100m、50m分别对盾构姿态进行人工复核,确保顺利贯通。

(3)合理安排到达洞门凿除施工计划,确保洞门掌子面暴露时间不会过长,并针对洞门凿除施工制订专项施工方案。

(4)盾构接收基座定位要精确,定位后应固定牢靠。

(5)提高地表沉降监测的频率,并及时反馈监测结果指导施工。盾构到达前要加强对车站结构的观察和监测,并加强与盾构施工现场的沟通,确保信息畅通。

(6)盾构接收时应保证足够的推力以压紧管片,并应对最后10~15环管片设置纵向拉紧装置,保证管片间止水效果。

(7)帘布橡胶板内衬涂抹油脂,避免刀盘刮破、影响密封效果。

5)盾构刀具更换

(1)开仓前,应在换刀位置地面布设监控量测点并取得初始值,开仓换刀期间监控数据变化情况,并及时调整换刀方案。

(2)换刀作业前应对盾构土仓内氧气含量、有害气体含量进行检测,合格后方可进场实施换刀作业。换刀作业期间,应安排专人监护,定时检测土仓内氧气和有害气体含量,发现异常应立即撤出仓内人员并采取有效应对措施。

(3)带压换刀应严格按有关规定执行。

6)隧道内水平施工运输

(1)机车洞内行驶速度不应大于15km/h,接近岔道或经过曲线地段时限速5km/h,机车进入盾构机后配套段及洞口地段限速3km/h。

（2）垂直运输区域和盾构工作竖井内应采取隔离措施并设置警示标志，未经信号指挥人员确认，任何人不得进入。

（3）电瓶车牵引不得超载。车辆装载限界、装渣高度不应高于车顶，管片应放在管片小车中心，防止偏载。停车时，必须放置阻车装置。

（4）列车连接必须安全可靠。除拉杆外，每节之间增加软连接。电瓶车摘挂和编组应慢进慢退、小心作业。司机必须听从调车员的正确口令，严禁强拉猛退。

（5）定期对轨道进行检查和维护，在弯道处、盾构机后配套醒目位置处设置限速警示标志，保证车辆和行人安全。

三、监督检查事项

隧道工程现场安全监督检查项点主要有检查环节、检查内容和方法、检查依据、常见问题或情形、定性、处理依据和处理措施，具体内容详见表1-1~表1-3。

基本作业安全监督检查事项

表1-1

序号	检查环节	检查内容和方法	检查依据	常见问题或情形	定性	处理依据	处理措施
1	危险性较大的工程专项施工方案编制、审批及现场执行情况	查危险性较大的工程专项施工方案编制、审批及现场执行情况	D01 第1.0.9条，B01 第十四条，第二十六条	危险性较大的工程未编制专项施工方案	危险性较大的工程未编制专项施工方案	B01 第六十五条第4款	责令限期改正；责令停业整顿；罚款
				未评审或审批手续不全	未对专项施工方案进行审查	B01 第五十七条第1款	责令停业整顿
				现场未按批准的方案执行	—	—	责令改正
2	安全技术交底、安全培训	查安全技术交底资料	D01 第3.1.4条，B01 第二十七条	1. 未逐级实施；2. 无书面形式签认记录	施工前未对有关安全施工的技术要求做出详细说明	B01 第六十四条第1款	责令限期改正；罚款
		查安全培训资料	D01 第3.5条，B01 第三十七条	未制订培训制度、培训计划，培训时间不足，培训考核不合格	未经安全教育培训或考核不合格上岗作业	B01 第六十二条第1款	责令限期改正；责令停业整顿；罚款

续上表

序号	检查环节	检查内容和方法	检查依据	常见问题或情形	定性	处理依据	处理措施
3	安全防护设施和安全防护用品	查安全防护用品的配备情况	D01 第3.4.2条，B01 第三十二条	安全防护用品没有按规定配备和使用	未向作业人员提供安全防护用具和安全防护服装	B01 第六十三条第4款	责令限期改正；责令停业整顿；罚款
		查安全防护用品的验收资料	D01 第1.0.7条，B01 第三十四条	安全防护用具没有验收	安全防护用具未经查验或查验不合格投入使用	B01 第六十五条第1款	责令限期改正；责令停业整顿；罚款
4	施工用电情况	查临时用电方案和施工用电施工组织设计	D01 第7.1.3条	未编制施工用电施工组织设计或设计审批程序不全	在施工组织设计中未编制施工现场临时用电方案	B01 第六十三条第4款	责令限期改正；责令停业整顿；罚款
		查用电安全技术档案	D01 第7.1.4条	无用电安全技术档案，无定期检查、监测和维修记录	—	—	—
		查电工持证情况、安全用电教育培训和技术交底资料	D01 第7.1.5条，D04 第11.3.2条	无证上岗，未进行用电安全技术交底，无安全用电教育培训记录	特种作业人员未经安全教育培训或经考核不合格即从事相关工作	B01 第六十三条第2款	责令限期改正；责令停业整顿；罚款

续上表

序号	检查环节	检查内容和方法	检查依据	常见问题或情形	定性	处理依据	处理措施
5	施工现场防火管理	查防火管理制度	D01 第8.1.2条	未建立相关管理制度或不全	—	—	责令改正
		查火灾应急预案及演练记录	D01 第8.1.6条	未制订火灾应急预案或未演练	—	—	责令改正
		查现场灭火器材配备情况,查安全标志	D01 第8.1.3条	施工现场灭火器材配备不足或失效;施工现场未明确划分禁火区,未设警示标志	未在施工现场的危险部位设置明显的安全警示标志,未按照有关规定配备消防设施和灭火器材	B01 第六十二条 第3款	责令限期改正;责令停业整顿;罚款
		查防火检查	D01 第8.1.5条	无防火检查记录	—	—	责令改正

续上表

序号	检查环节	检查内容和方法	检查依据	常见问题或情形	定性	处理依据	处理措施
6	爆破器材管理	查爆破施工企业资质证书、爆破作业许可证	D01 第12.1.4条	无爆破施工企业资质证书,尚未取得爆炸物品的购买、存储、运输和爆破作业许可证	未经许可购买、运输民用爆炸物品或者从事爆破作业	B10 第四十四条	由公安机关责令停止违法行为或者限期改正,罚款
		查爆破器材安全管理制度、岗位安全责任制度、安全防护措施和事故应急预案	D01 第12.1.2条	管理制度、岗位责任制、应急预案等未建立或不健全	—	—	责令改正
		查现场爆破作业人员的培训、考核资料、证书情况	D01 第12.1.5条	未参加培训、考核,参加培训但考核不合格,未持证上岗等	作业人员或特种作业人员未经安全教育培训或者经考核不合格即从事相关工作	B01 第六十二条 第2款	责令限期改正,责令停业整顿;罚款
		查爆破作业安全评估,查专项安全施工方案	D01 第12.1.6条	未制订爆破作业安全评估、专项安全施工方案	—	—	责令改正

续上表

序号	检查环节	检查内容和方法	检查依据	常见问题或情形	定性	处理依据	处理措施
7	特种设备	查特种作业人员的证件	D01 第6.1.4条	未持证上岗	特种作业人员未经安全教育培训或经考核不合格即从事相关工作	B01 第六十二条 第2款	责令限期改正;责令停业整顿;罚款
		查TBM等大型专用设备的技术档案、安全技术操作规程	D01 第6.1.2条	大型专用设备未建技术档案,未制订安全技术操作规程	—	—	责令改正
		查特种设备使用登记证书	D01 第6.1.3条	特种设备使用前无验收检验报告,未注册登记	施工机具或配件未经查验或查验不合格投入使用	B01 第六十五条 第1款	责令限期改正;责令停业整顿;罚款
		查特种设备安全检查、检测、维护保养	D01 第6.1.6条、第6.1.7条	特种设备无安全检查、检测维护保养记录	—	—	责令改正

续上表

序号	检查环节	检查内容和方法	检查依据	常见问题或情形	定性	处理依据	处理措施
8	起重吊装作业	查危险性较大、环境复杂的吊装安全专项施工方案及审批资料	D01 第11.1.2条	危险性较大、环境复杂的吊装作业未编制安全专项施工方案	—	—	责令改正
		查起重吊装作业人员的教育培训资料及特种作业人员证件	D01 第11.1.3条	起重吊装作业人员未经教育培训合格，特种作业人员未持证上岗	作业人员或特种作业人员未经安全教育培训或经考核不合格即从事相关工作	B01 第六十二条第2款	责令限期改正；责令停业整顿；罚款
		查起重机械安全检查	D01 第11.1.3条	起重吊装前无安全检查	—	—	责令改正

续上表

序号	检查环节	检查内容和方法	检查依据	常见问题或情形	定性	处理依据	处理措施
9	高处作业安全	查高处作业安全专项施工方案及审批资料	D01 第10.1.2条	高处作业未编制安全技术措施、工艺复杂、危险性较大的工程未编制安全专项施工方案	在施工组织设计中未编制安全技术措施或者专项施工方案	B01 第六十五条第4款	责令限期改正；责令停业整顿；罚款
		查高处作业人员教育培训资料及特种作业人员证件	D01 第3.5.2条	高处作业人员未经教育培训合格，特殊工种人员未持证上岗	作业人员或特种作业人员未经安全教育培训或者考核不合格即从事相关工作	B01 第六十二条第2款	责令限期改正；责令停业整顿；罚款
		查安全防护用品使用情况	D01 第10.1.4条、第10.3.3条	佩戴或未正确使用安全防护用品；或者未向作业人员提供安全防护用具和安全防护服装	未向作业人员提供安全防护用具和安全防护服装	B01 第六十二条第4款	责令限期改正；责令停业整顿；罚款
		查安全防护措施及警戒区域设置情况	D01 第10.1.11条	在临边、通道口等区域作业未采取安全防护措施或未标示警戒区域	未在施工现场的危险部位设置明显的安全警示标志	B01 第六十二条第3款	责令限期改正；责令停业整顿；罚款
		查悬空作业所用的索具、脚手板、吊篮、吊笼、平台等设施的安全技术检算资料及验收记录	D01 第10.3.1条	悬空作业所用的索具、脚手板、吊篮、吊笼、平台等设施未经安全技术检算，未经验收合格即投入使用	未经验收或者验收不合格	B01 第六十五条第2款	责令限期改正；责令停业整顿；罚款

续上表

序号	检查环节	检查内容和方法	检查依据	常见问题或情形	定性	处理依据	处理措施
10	特殊环境作业安全	查安全专项施工方案及审批资料	D01 第3.2.1条，B01 第十四条	未编制安全专项施工方案或审批手续不全	在施工组织设计中未编制专项施工方案	B01 第六十条 第4款	责令限期改正；责令停业整顿；罚款
		查事故应急预案及演练记录	D01 第14.1.5条	未制订事故应急预案或未演练	—	—	责令限期改正；责令停业整顿；罚款
		查作业人员安全技术交底资料，查安全培训	D01 第3.1.4条、第3.5.2条	1.未对作业人员进行安全技术交底、安全培训；2.未对参建人员按规定进行培训	施工前未对有关安全施工的技术要求作出详细说明	B01 第六十四条 第1款	责令改正
		查作业人员配备的劳动防护用品	D01 第14.1.3条	防护用品配备缺失	—	—	责令限期整顿；罚款
		查通风、防瓦斯、防爆等专门机构斯检测工作的设置及仪器设备的配备情况	D01 第14.7.2条	未设专门机构进行通风、防瓦斯、防爆及有害气体检测工作，未配备相关仪器设备	安全防护用具、施工机具或配件未经检查验收或检查验收不合格即投入使用	B01 第六十五条 第1款	责令限期改正；责令停业整顿；罚款

续上表

序号	检查环节	检查内容和方法	检查依据	常见问题或情形	定性	处理依据	处理措施
11	季节性施工安全	查季节性施工专项方案及审批资料	D01 第15.1.2条	未编制季节性施工方案或审批手续不全	未根据季节、气候的变化，在施工现场采取相应的安全施工措施	B01 第六十四条第2款	责令限期改正；责令停业整顿；罚款
		查突发事件应急预案编制及应急物资储备情况	D01 第15.1.4条	未编制突发事件应急预案，应急物资储备不足	—	—	责令改正
		查季节性施工安全教育培训记录	D01 第3.5.2条、第3.5.3条	未进行季节性施工安全教育培训	施工前未对有关安全施工的技术要求做出详细说明	B01 第六十四条第1款	责令限期改正；责令停业整顿；罚款

注：各责任单位未按照法律、法规和工程建设强制性标准进行建设、勘察、设计、施工和监理而导致建设工程实体和现场存在安全隐患的，责令限期改正；情节严重或逾期未改正的，责令停业整顿；造成重大安全事故、重大伤亡事故或者其他严重后果的，处以罚款；构成犯罪的，依照刑法有关规定追究刑事责任。

矿山法隧道施工作业安全监督检查事项

表 1-2

序号	检查环节	检查内容和方法	检查依据	常见问题或情形	定性	处理依据	处理措施
1	隧道作业安全基本规定	查隧道进出人员动态管理制度	D04 第3.2.4条	隧道洞口未设专人值班,未建立隧道进出人员动态管理制度	—	—	责令改正
		查隧道内通信联络系统	D04 第3.1.6条	隧道施工未建立通信联络系统,长、特长及高风险隧道施工未建立可视监控系统	—	—	责令改正
		查隧道施工安全通道、警示牌、安全标识设置	D04 第3.1.7条	隧道施工中,未设置安全通道,未用警示牌、安全标识等标明示其位置,未设置必要的应急照明	未在施工现场的危险部位设置明显的安全警示标志	B01 第六十二条第3款	责令限期改正;责令停业整顿;罚款
		查隧道内施工防火责任制、消防器材	D04 第3.1.8条	隧道内施工未制订防火责任制,未配备消防器材	未按照有关规定配备消防设施和灭火器	B01 第六十二条第3款	责令限期改正;责令停业整顿;罚款
		查参建人员培训考核	D04 第3.2.1条	未落实安全生产责任制,对参建人员未进行有针对性的教育培训	—	—	责令改正

续上表

序号	检查环节	检查内容和方法	检查依据	常见问题或情形	定性	处理依据	处理措施
2	隧道风险管理	查风险评估和风险管理办法	D04 第3.4.1条	各参建单位未制订风险评估和风险管理工作实施办法	—	—	责令改正
		查设计单位风险评估资料	D04 第3.4.4条	设计单位未在设计阶段开展风险评估工作，未将评估结果纳入设计文件，未向施工单位进行有关风险的技术交底和资料交接	未按照法律、法规和工程建设强制性标准进行勘察、设计	B01 第五十六条第1款	责令限期改正；责令停业整顿；罚款
		查施工单位风险评估资料	D04 第3.4.5条	施工单位未对施工阶段的风险进行评估，未提出相应的处理措施并报建设单位批准后实施	—	—	责令改正
3	风险评估	查施工单位风险管理	D04 第3.4.5条	施工单位未落实施工风险管理，公示内容（包括风险描述、监测方案、应急措施和责任等）不全	—	—	责令改正
		查监理单位风险管理	D04 第3.4.6条	监理单位未落实施工风险管理，未制订风险管理实施细则	—	—	责令改正

第一章 ◇ 隧道工程现场安全监督检查

续上表

序号	检查环节	检查内容和方法	检查依据	常见问题或情形	定性	处理依据	处理措施
4	洞口开挖及防护作业安全	查现场洞口边坡防护	D04 第4.1.6条	未及时施作洞口边、仰坡上方的天沟	—	—	责令改正
		查现场洞口开挖施工	D04 第4.1.7条、第4.2.1条	洞口土石方开挖出现掏底开挖或上下重叠开挖	—	—	责令改正
5	超前地质预报	查专项方案、技术交底	D04 第5.0.3条	未编制超前地质预报专项方案，未进行施工技术交底	未编制专项方案，未进行施工技术交底	B01 第六十五条第4款	责令限期改正；停业整顿；罚款
		查人员培训	D01 第3.5.2条	超前地质预报人员未经隧道施工安全教育培训即上岗	作业人员未经安全教育培训或者经考核不合格即从事相关工作	B01 第六十二条第2款	责令限期改正；停业整顿；罚款
		查专项施工方案编制情况	D04 第6.1.2条	隧道开挖前未编制开挖专项技术方案或方案内容不全（方案应包括开挖方法、工艺流程、安全技术措施等内容）	在施工组织设计中未编制专项施工方案	B01 第六十五条第4款	责令限期改正；停业整顿；罚款
6	洞身开挖安全	查钻爆设计编制	D04 第6.1.10条	两座平行的隧道开挖时，其两个同向开挖工作面纵向距离不足	—	—	责令改正

续上表

序号	检查环节	检查内容和方法	检查依据	常见问题或情形	定性	处理依据	处理措施
6	洞身开挖安全	查开挖工法	D04 第6.1.3条	隧道采用钻爆法开挖时未进行钻爆设计	—	—	责令改正
		查作业平台设计、验收资料	D04 第6.1.4条	1. 隧道采用机械开挖时，未划定安全作业区域，未设置警示标志，非作业人员随意入内； 2. 采用人工开挖时，作业人员安全操作距离不足，未安排专人指挥	未在施工现场的危险部位设置明显的安全警示标志	B01 第六十二条第3款	责令限期改正；责令停业整顿；罚款
		查开挖作业台架资料	D04 第6.1.6条	隧道开挖作业台架未进行强度、刚度和稳定性检算，未经验收合格即投入使用，台架四周未设置安全防护栏杆	机械设备、施工机具及配件在进入现场前未经检查验收或者查验不合格即投入使用	B01 第六十五条第1款	责令限期改正；责令停业整顿；罚款
7	台阶法开挖作业安全	查现场施工情况	D04 第6.3.2条	台阶下部开挖后，拱脚下方悬空；台阶下部开挖后，未及时封闭成环	—	—	责令改正
		查拱脚、临时仰拱等处理措施；查及时封闭成环情况	D04 第6.3.4条、第6.3.6条	1. 台阶下部开挖后，拱脚长时间悬空； 2. 当围岩地质较差，变形较大时，上部断面开挖后未立即施作锁脚锚管（杆）扩大拱脚、临时仰拱等措施	—	—	责令改正

续上表

序号	检查环节	检查内容和方法	检查依据	常见问题或情形	定性	处理依据	处理措施
8	分步法开挖作业安全	查锁脚锚管（杆）、扩大拱脚等情况	D04 第6.4.4条	各部钢架基脚处未施作锁脚锚管（杆）或采用扩大拱脚等措施	—	—	责令改正
		查施工步距错开距离	D04 第6.4.5条	采用中隔壁法、交叉中隔壁法开挖隧道时，同层左、右两侧沿纵向错开距离应控制在10～15m范围内，同侧上、下层开挖工作面间距应保持3～5m）	—	—	责令改正
			D04 第6.4.6条	采用双侧壁导坑法开挖隧道时，侧壁导坑、中槽部位开挖未采用短台阶（台阶长度3～5m），侧壁导坑开挖未超前中槽部位10～15m	—	—	责令改正
		查临时支护拆除长度	D04 第6.4.7条	采用分部法开挖的临时支护，每段拆除长度大于15m	—	—	责令改正

续上表

序号	检查环节	检查内容和方法	检查依据	常见问题或情形	定性	处理依据	处理措施
9	钻爆作业安全	查钻爆作业现场是否与钻爆设计相符	D04 第6.5.1条	钻爆作业过程与钻爆设计（炮眼间距、炮眼深度等）不符	—	—	责令改正
		查装药情况	D04 第5.5.2条	1. 装药时未使用木质炮棍装药，出现火种，作业人员劳戴化纤衣物；2. 装药与钻孔平行作业	—	—	责令改正
		查爆破作业时警戒及防护措施	D04 第6.5.3条	1. 洞内爆破作业前，施工单位未确定指挥人员、警戒人员、起爆人员；2. 洞内爆破后通风排烟不足15min，安全检查人员即入开挖工作面	—	—	责令改正
10	找顶作业安全	查找顶作业时的作业流程及安全防护措施	D04 第6.6.2条	未经机械找顶作业，直接人工找顶作业	—	—	责令改正
			D04 第6.6.3条	作业区有其他无关人员，现场无专职安全员	—	—	责令改正

续上表

序号	检查环节	检查内容和方法	检查依据	常见问题或情形	定性	处理依据	处理措施
11	装渣与运输作业安全	查现场警戒情况	D04 第7.2.4条	装渣机械作业时,其回转范围内有人通过	—	—	责令改正
		查特种作业人员持证上岗情况	D01 第3.5.2条	有轨运输作业中,运渣车司机未经专业培训和考核、未持证上岗或无证驾驶	—	—	责令改正
		查安全警示标志	D04 第7.3.2条	未在洞口、台架、设备、设施等位置设置警示标志和信号	未在施工现场的危险部位设置明显的安全警示标志	B01 第六十二条第3款	责令限期改正;责令停业整顿;罚款
		查有轨运输作业	D04 第7.3.5条	未按照轨道运输方案进行铺设和维护;机车停留时无防溜车措施;火车调度信息不通畅;两组列车同向行驶时间隔小于100m;特殊地段行驶速度大于10km/h;车辆行驶中进行摘挂作业;运渣车辆载人等	有轨运输未按照运输方案作业	—	责令改正

续上表

序号	检查环节	检查内容和方法	检查依据	常见问题或情形	定性	处理依据	处理措施
12	支护与加固基本作业安全	查隧道支护情况	D04 第8.1.2条	隧道支护对每项工序施工前未对作业面进行检查，未清除松动的岩石和喷射混凝土块	—	—	责令改正
		查及时封闭情况	D04 第8.1.3条	在爆破、找顶后，未立即初喷混凝土封闭掌子面围岩	—	—	责令改正
		查作业支架设计资料及验收情况	D04 第8.1.5条	施工作业台（支）架未按要求设计、检算与审核；台架四周未设置安全栏杆、安全网和上下工作梯，未经验收合格即投入使用	机械设备、施工机具及配件在进入施工现场前未经查验或者查验不合格即投入使用	B01 第六十五条第1款	责令限期改正；责令停业整顿；罚款
		查喷射混凝土作业人员防护用品使用情况	D04 第8.4.2条	作业人员未佩戴防尘口罩、防护眼镜等防护用具	未向作业人员提供安全防护用具和安全防护服装	B01 第六十二条第4款	责令限期改正；责令停业整顿；罚款
			D04 第8.6.3条	钢架之间纵向、环向连接及钢架节段连接不及时、不牢固	—	—	责令改正
		查钢架、锁脚锚杆等的施工情况	D04 第8.6.4条	钢架完成后未及时施作锁脚锚杆并连接牢固；钢架脚架底脚悬空或置于虚渣上	—	—	责令改正

续上表

序号	检查环节	检查内容和方法	检查依据	常见问题或情形	定性	处理依据	处理措施
13	衬砌基本作业安全	查衬砌作业台架设计及验收资料	D04 第9.2.1条、第9.2.2条	衬砌作业台架的强度、刚度和稳定性不足，衬砌台车、台架未经验收合格即投入使用	机械设备、施工机具及配件在进入施工现场前未经查验或者查验不合格即投入使用	B01 第六十五条第1款	责令限期改正；责令停业整顿；罚款
		查作业台架周边防护及消防设施配备情况	D04 第9.2.4条	衬砌作业台架、作业平台四周未设置安全防护栏杆，密闭式安全网，人员上下工作梯，衬砌台车及防水板施工作业台架未配置灭火器	未按照有关规定配备消防设施和灭火器	B01 第六十二条第3款	责令限期改正；责令停业整顿；罚款
		查作业台架防溜、锁定装置	D04 第9.2.8条	衬砌台车就位后，未按规定设置防溜车装置，液压支撑无锁定装置	—	—	责令改正
		查防水板作业区消防设施	D04 第9.3.1条	防水板作业区未设置消防器材及防火安全警示标志	未在施工现场的危险部位设置明显的安全警示标志	B01 第六十二条第3款	责令限期改正；责令停业整顿；罚款
		查衬砌台车端头挡板	D04 第9.5.4条	衬砌台车端头挡板与防水板、台车间接触面不紧密，挡板支撑不稳固	—	—	责令改正

续上表

序号	检查环节	检查内容和方法	检查依据	常见问题或情形	定性	处理依据	处理措施
14	监控量测作业安全	查方案编制情况	D04 第10.0.2条	未编制监控量测工作实施方案	在施工组织设计中未编制专项施工方案	B01 第六十五条第4款	责令限期改正；责令停业整顿；罚款
		查人员教育培训资料	D04 第3.2.1条	监控量测人员未经隧道施工安全教育培训	作业人员未经安全教育培训或者经考核不合格即从事相关工作	B01 第六十二条第2款	责令限期改正；责令停业整顿；罚款
		查安全员配备情况	D04 第10.0.8条	监控量测实施单位未配备安全员，在监控量测过程中未设安全岗哨	施工时无专职安全生产管理人员现场监督	B01 第六十二条第1款	责令限期改正；责令停业整顿；罚款
		查数据分析资料	D04 第10.0.12条	隧道施工过程中未进行监控量测数据的实时分析和阶段分析	—	—	责令改正
15	施工排水作业安全	查排水方案编制情况	D04 第11.4.2条	未制订排水方案	—	—	—
		查风险隧道专项安全施工方案	D04 第12.1.2条	对富水软弱破碎围岩、岩溶等有突涌水风险的隧道，未进行防突涌水专项设计并编制专项安全技术方案	未编制专项施工方案	B01 第六十五条第4款	责令限期改正；责令停业整顿；罚款
		查看未施作衬砌地段排水设施	D04 第13.1.2条	未设置临时排水沟或排水沟堵塞	—	—	责令改正

续上表

序号	检查环节	检查内容和方法	检查依据	常见问题或情形	定性	处理依据	处理措施
16	通风与防尘作业安全	查通风情况	D04 第11.5.2条	隧道施工未根据现场实际情况采用机械通风	—	—	责令改正
		查通风方案编制及落实情况	D04 第11.5.3条	长及特长隧道通风方案未经过专项审查，未经监理单位审批	未对施工组织设计中的安全技术措施或者专项施工方案进行审查	B01 第五十七条第1款	责令限期改正；责令停业整顿；罚款
		查通风设备配备情况	D04 第11.5.7条	1. 通风管沿线未设立警示标志，或人员在风管进出口停留；2. 通风管防火等级达不到阻燃型或瓦斯隧道内通风管不满足防静电要求	未在施工现场的危险部位设置明显的安全警示标志	B01 第六十二条第4款	责令限期改正；责令停业整顿；罚款
		查洞内人员的劳动防护情况	D04 第11.5.12条	隧道内施工人员未配备防尘口罩、耳塞等个人劳动防护用品	未向作业人员提供安全防护用具和安全防护服装	B01 第六十二条第3款	责令限期改正；责令停业整顿；罚款
		查专项施工方案编制情况	D04 第12.1.2条	未编制专项施工技术方案或者审批手续不全	在施工组织中未编制安全技术措施	B01 第六十五条第4款	责令限期改正；责令停业整顿；罚款
17	高地应力、高地温、突涌水不良地质和特殊岩土地质隧道	查应急预案是否完善	D04 第16.1.2条、第16.1.5条	未制订应急预案，应急预案不完善，未定期组织演练，施工中未配备足够的抢险、急救物资储备	—	—	责令改正

续上表

序号	检查环节	检查内容和方法	检查依据	常见问题或情形	定性	处理依据	处理措施
17	高地应力、高地温、突涌水和特殊岩土地质隧道	高地应力隧道安全控制措施	D04 第12.6.1条	未编制超前地质预报专项方案，未明确岩爆、软岩大变形等级	—	—	责令改正
		高地温隧道安全控制措施	D04 第12.10.1条	未编制超前地质预报专项方案，未制订相应的安全防护措施	—	—	责令改正
18	辅助坑道施工安全	查专项施工方案	D04 第13.1.1条	斜井、竖井与正洞连接处的施工专项施工方案或未按程序报批	未编制专项施工方案	B01 第六十五条第4款	责令限期改正；责令停业整顿；罚款
		查专项方案执行	D04 第13.1.1条	现场未执行专项方案要求	—	—	责令改正
		查长大斜井抽排水方案和应急预案	D04 第13.2.1条	斜井施工未进行抽排水设计；未制订长大斜井专项抽排水方案及应急预案，方案未经评审	未编制专项施工方案	B01 第六十五条第4款	责令限期改正；责令停业整顿；罚款
		查备用电源、抽水机、排水管	D04 第13.2.2条	长大斜井未配备双电源、双抽水机、排水管	—	—	责令改正

第一章 ◇ 隧道工程现场安全监督检查

续上表

序号	检查环节	检查内容和方法	检查依据	常见问题或情形	定性	处理依据	处理措施
18	辅助坑道施工安全	查警示标识	D04 第13.1.5条、第13.2.7条	1. 在斜井与正洞交叉口未设专人指挥，未设置反光警示镜、限速标志、缓冲防撞安全岛；2. 斜井无机运输，洞外距离洞口一定位置未设置明显的警示标志；在洞内的集水坑、变压器、紧急避险处未设置防撞隔离栏和警示灯标志	未在施工现场的危险部位设置明显的安全警示标志	B01 第六十二条第3款	责令限期改正；责令停业整顿；罚款
19	应急救援	查应急救援方案及落实情况	D04 第16.1.2条	未按规定制订针对性的措施或应急预案	—	—	责令改正
		查救援物资配备情况	D04 第16.1.5条	隧道施工中未按要求配备必要的救援物资和设备、器材	—	—	责令改正
		查逃生线路规划及救援保障措施	D04 第16.1.9条	隧道施工未事先规划逃生路线，避难处未准备逃生设备、救护器械和生活保障品等	—	—	责令改正

31

续上表

序号	检查环节	检查内容和方法	检查依据	常见问题或情形	定性	处理依据	处理措施
19	应急救援	查应急照明及逃生标志设置情况	D04 第16.1.10条	隧道内交通道路及开挖作业等重要场所未设置安全应急照明和应急逃生标志	—	—	责令改正
		查作业面报警装置情况	D04 第16.1.11条	隧道施工期间各施工作业面未安装警报、通信装置	—	—	责令改正
		查隧道内通信设备配置情况	D04 第16.1.12条	隧道施工期间，通信系统未保持畅通	—	—	责令改正
		查应急演练	D04 第16.1.14条	未定期组织应急预案的桌面演练或模拟演练	—	—	责令改正
		查应急教育培训情况	D04 第16.1.13条	隧道内施工作业人员未经应急救援培训	—	—	责令改正
		查事故上报	D04 第16.2.4条	事故发生单位负责人未按照规定程序和时限上报事故情况	违反A01规定，未按规定报告事故情况	A01 第106条	责令限期整顿；责令停业整顿；罚款

盾构法隧道施工作业安全监督检查事项

表 1-3

序号	检查环节	检查内容和方法	检查依据	常见问题或情形	定性	处理依据	处理措施
1	人员培训及持证上岗	查盾构机作业人员培训资料及持证上岗情况	D04 第3.2.1条	作业人员未经专业培训考核合格并取得相应操作证即持证上岗	作业人员未经安全教育培训或者经考核不合格即从事相关工作	B01 第六十二条第2款	责令限期改正;责令停业整顿;罚款
2	专项施工方案	查组装、拆卸、始发、到达、盾构换刀、穿越重要建(构)筑物、穿越特殊地层、穿越江河湖海等专项施工方案	D04 第15.1.2条	未编制专项施工方案,施工方案没有针对性,未经审批即实施	未编制专项施工方案	B01 第六十五条第4款	责令限期改正;责令停业整顿;罚款
3	始发准备	查端头加固方案、检测验收记录	D04 第15.2.1条	端头加固体强度检测不符合要求	未按施工技术标准施工	—	责令改正
3	始发准备	查吊装方案、地基承载力验算、探伤检测	D04 第15.2.3条	吊装场地未进行地基承载力验算,未对吊耳进行探伤检测	—	—	责令改正
3	始发准备	查动态验收记录	D04 第15.2.3条	盾构组装完成后未对各个系统进行调试和整机空载调试	—	—	责令改正
4	始发与接收	查施工条件验收资料	D04 第15.3.1条、第15.6.1条	始发和接收前施工条件验收内容(人员资质、机具设备、物资材料、专项施工方案、土体加固及洞门密封等)不全	—	—	责令改正

续上表

序号	检查环节	检查内容和方法	检查依据	常见问题或情形	定性	处理依据	处理措施
5	换刀和检修	查专项施工方案、施工记录	D04 第15.4.10条	换刀地点地质条件差，地层不稳定，且未采取加固措施	未采取相应的安全施工措施	—	责令改正
			D04 第15.11.1条	带压换刀专项施工方案未经评审	—	—	责令改正
		查监控量测记录	D04 第15.11.3条	开仓前，未在换刀位置地面布设监控量测点	未按施工技术标准施工	—	责令改正
		查检测记录	D04 第15.11.4条	换刀作业前，未对仓内相关气体进行检测，未安排专人在换刀过程中定时检测	未按施工技术标准施工	—	责令改正
6	施工现场设施设备	查施工方案、现场查看	D38 第12.0.2条	隧道作业场所内照明、消防设施、通信设施、应急照明灯不符合要求	—	—	责令改正
			D04 第15.2.2条、D38 第12.0.3条	隧道和工作井外排水设备不足	—	—	责令改正
			D38 第12.0.4条	施工现场未配备相应的气体检测仪，作业环境甲烷、一氧化碳等含量超标	—	—	责令改正
			D38 第12.0.7条~第12.0.9条	隧道内温度、噪声、通风等不满足规范要求	—	—	责令改正

续上表

序号	检查环节	检查内容和方法	检查依据	常见问题或情形	定性	处理依据	处理措施
7	环境保护措施	查施工方案、现场措施	D38 第12.0.10条、第12.0.11条	1.施工现场的渣土、废水随意存放，渣土未进行分类，未采取防止扬尘措施； 2.现场噪声排放、污水排放、降水等措施不满足相关标准要求	—	—	责令改正
8	盾构机保养与维修	查盾构保养与维修计划、技术文件、产品保养手册、保养维修记录	D38 第13.0.2条	1.未制订保养与维修计划； 2.日常、定期保养与维修的内容不全； 3.定期保养与维修未按照规定的周期进行	—	—	责令改正
			D38 第13.0.4条	记录中相关信息不全，施工单位未对维保记录进行总结并形成周期分析报告	—	—	责令改正

续上表

序号	检查环节	检查内容和方法	检查依据	常见问题或情形	定性	处理依据	处理措施
9	运输设备	查维护和保养计划、现场措施	D38 第14.1.5条	运输设备未按计划进行维护和保养，未设置防溜车或防坠落措施	未采取相应的安全施工措施	—	责令改正
10	垂直运输	查施工方案、设备维保计划和记录	D38 第14.3.3条、第14.3.4条	1. 保证安全的稳定措施不到位；2. 操作人员未履职，运输过程中无操作人员指挥	未按施工技术标准施工	—	责令改正
11	施工运输	查运输方式、施工措施	D38 第14.2.1条、第14.4.3条	1. 采用卡车、内燃机车牵引时，隧道通风不满足要求；2. 对管道接头处、拐弯处未定期进行维修保养	—	—	责令改正

第二章
隧道工程质量监督检查

一、主要检查内容

隧道工程质量监督检查主要包括以下方面：基本规定，原材料、构配件和半成品，洞口及明洞工程(含加固处理)，洞身开挖(钻爆法)，监控量测，初期支护，衬砌，防水和排水，明挖工程，盾构(TBM)隧道工程，特殊地质，辅助坑道，附属工程，单位工程质量综合验收等。

基本规定方面主要检查质量管理体系、施工质量控制、隐蔽工程影像留存、施工质量保证资料、验收单元划分、验收等事项。

原材料、构配件和半成品方面主要检查钢架、钢筋网片、小导管、沟槽盖板等半成品，构配件，支护材料，防排水材料，排水管沟，预埋槽道，防护门，综合接地体等事项。

洞口及明洞工程(含加固处理)方面主要检查地表注浆，隧底加固桩，边、仰坡防护，洞口施工顺序，边、仰坡开挖，隧道洞门结构，挡(端)墙，明洞，回填，防护工程等事项。

洞身开挖(钻爆法)方面主要检查超前地质预报，设计开挖方法评估资料，地质编录和地质核对、确认，开挖断面的中线和高程，开挖轮廓尺寸，隧底承载力试验检测等事项。

监控量测方面主要检查监控量测工作开展情况、监控量测工作质量、监控量测数据分析、成果应用等事项。

初期支护方面主要检查支护一般规定、管棚、超前小导管、水平旋喷桩、喷射混凝土、锚杆、钢筋网、钢架等事项。

衬砌方面主要检查仰拱(底板)及填充、拱墙衬砌、施工缝、变形缝、回填注浆、裂缝记录等事项。

防水和排水方面主要检查洞口防排水、洞内排水、盲管、泄水洞、止水条、止水带、嵌缝材料、防水层铺设等事项。

明挖工程方面主要检查一般规定、地下连续墙、支撑、基坑开挖、混凝土垫层等事项。

盾构(TBM)隧道工程方面主要检查盾构(TBM)设备、施工测量、管片生产与验收、管片拼装、注浆作业、接缝防水等事项。

特殊地质方面主要检查突水涌泥、岩溶、活动断裂、岩爆、大变形、碎屑流、高地温、有害气体等事项。

辅助坑道方面主要检查辅助坑道口、接合部、结构形式、封闭和排水等事项。

附属工程方面主要检查通风工程、消防、照明设施、标志标线、防灾救援设施、防护门、电缆槽、综合接地体、附属洞室、弃渣场等事项。

单位工程质量综合验收方面主要检查质量控制资料、衬砌混凝土质量、防排水、洞口工程、洞身结构混凝土表观、附属洞室等事项。

二、主要质量问题及控制措施

1. 超、欠挖问题

超、欠挖指实际开挖断面的轮廓大于或小于设计开挖轮廓。在实际的施工中,超、欠挖的现象普遍存在,仅程度不同。超挖不仅提高隧道造价,还加大了对围岩的扰动深度和范围,影响围岩稳定;超、欠挖使隧道内侧岩壁不平整,对后续的钢筋网安装、初喷、防排水施工、模筑衬砌工作增加了施工难度,影响工程质量,甚至还可能会造成空洞、脱空、渗漏水、衬砌拱顶掉块等安全隐患。因此,施工过程中做好隧道的超、欠挖管控工作非常重要。造成超、欠挖的主要原因主要有测量放线误差、钻孔精度、凿岩机体构造、爆破方法与参数、地质条件变化等因素。

预防超、欠挖发生的控制措施主要有:改变"宁超勿欠"的观点、提高轮廓线放线精度、提高钻孔精度、严控钻孔位置和角度、合理匹配爆破技术参数和严格进行隧道开挖工序施工管理。

2. 防排水问题

近年来发生的数起运营隧道拱顶掉块、断电事故,均与防排水有关。防排水问题已成为困扰铁路运营的难题,也是隧道施工的难题。防排水问题主要体现在排水系统失效、排水不畅、渗漏水等。尤其在丰水地区,一方面是区域排水系统失效,地下水不能及时排走,水头压力突增,水压上升,在围岩弱化处造成衬砌混凝土发生剪切和断裂脱落破坏;另一方面是"两缝"或结构表面渗漏水,对铁路运营造成安全隐患。铁路隧道施工坚持"防、排、堵、截相结合,因地制宜,综合治理"的防排水原则,并根据不同施工方法、结构形式、工程及水文地质、水资源保护的要求,采取相应的防排水措施,以结构自防水为主,以附加防水层为辅。设计是基础,施工是关键,材料是保证,只有做好防水设计,选用合格有效的防水材料,采用适当的施工工艺,严格施工管理,才能达到预期的防水目的,减少防排水问题的发生。

控制措施有:

(1)混凝土及防水层材料的选用。合理选用水泥标号、品种,选用优质粉煤灰,合理确定掺量,选择合格的外加剂,选用干净、符合规格的粗、细集料;所用防水材料必须为检验合格、经过鉴定并在实践中证明行之有效的材料。

(2)加强防排水设施的细节管控,尤其是洞内的排水沟、槽,衬砌背后的排水设施(如盲管、排水板、暗管、暗沟),应配合衬砌同时施工,并做好各节段之间的有效连接。

(3)提升防水板的铺设质量。防水板不宜过紧也不宜过松,防水板安装要避免出现烫伤、烧焦、破损、漏焊、漏粘现象。

(4)做好衬砌各种缝隙(如施工缝、变形缝)的防水。

(5)确保围岩基面的平整。防水层不得损坏,否则就不能起到防水的作用。因此施工前应切除穿出基层的金属构件(如钢筋头、锚杆头等)并用砂浆抹平。

3. 衬砌欠厚问题

衬砌欠厚问题指衬砌混凝土厚度不满足设计要求,改变了衬砌收缩变形的约束条件,将引起局部应力集中,使结构受力不均。应力集中易导致衬砌产生裂缝,这是隧道衬砌开裂的主要原因,必须引起足够重视。

衬砌欠厚无法用肉眼检查,应配合无损检测和有损检测的方法,以无损检测为主,有损检测配合验证。有损检测主要采取钻孔或开天窗。目前常用的无损检测方法有:打击声法、电磁波法(也称地质雷达法)超声波法、弹性波法、红外线法。

控制措施:

(1)根据开挖揭示情况,及时研判地质状况,遇工程地质状况与设计不符情况,及时报设计单位、监理单位和建设单位进行研究处理。

(2)按规范要求严格处理超、欠挖,做好初期支护后断面的测量,及时处理侵限处。

(3)加强二次衬砌模板就位后的检查验收,模板牢固,对称稳速浇筑。

(4)提高施工人员的安全意识、质量意识,高度重视施工质量,严格施工管理,健全质量检查和质量检测管理体系,包括完善检查与监理机制、加强监理力度、实行切实可行的奖罚制度。

4. 衬砌混凝土强度不足问题

在工程实践中,衬砌混凝土强度达不到设计标准的情况时有发生,虽频率不太高,但也应引起重视。

控制措施:

(1)狠抓原材料进场验收关。

(2)严格控制混凝土拌和的关键工序,合理确定水泥标号、配合比、水灰比、坍落度及混凝土的搅拌时间,处理好混凝土运输过程中的离析问题。

5. 衬砌混凝土裂缝

拱部衬砌混凝土表面易出现纵横交错的裂缝、单一斜向裂缝、墙部裂缝、竖向施工裂缝、变形裂缝等。

控制措施：

1）控制变形

可通过合理选用衬砌材料、做好混凝土的试配工作、优化配合比，减少衬砌收缩变形，选择能减少混凝土收缩变形的施工方法。

2）减少约束

（1）设置防水层，特别是全断面（含底板）设置防水层可大大减少裂缩的产生。

（2）设置纵向变形缝。将边墙基础与找平层之间或墙拱混凝土与边墙基础之间的施工缝设置为纵向变形缝，从而降低地基水平阻力系数。

（3）严格控制超、欠挖。在衬砌施工前，应处理欠挖，对超挖进行找平。

3）提高混凝土的抗拉强度和极限拉伸

（1）提高混凝土标号。选强度较高的碎石用作粗集料，严格控制砂石料的含泥量，可提高抗拉强度和极限拉伸。

（2）适量配筋。尽量避免采用素混凝土衬砌。

（3）处理好混凝土浇筑间隙缝。采用接插筋、凿毛、浇筑前洒水湿润等措施，使两次浇筑的混凝土成为一个整体。

（4）加强养护。提供较好的养护条件，保证养护所需的温度和湿度。

4）采取措施尽量减少或避免应力集中

（1）提高混凝土施工水平，确保混凝土施工质量，避免出现蜂窝、空洞等质量缺陷。

（2）加强养护，确定合理的拆模时间。应据隧道断面形状和结构尺寸计算衬砌混凝土脱模时的最大拉应力；衬砌混凝土拆模时，其强度应达到 2.5 MPa。

（3）合理确定二次衬砌到开挖面的距离，合理安排欠挖处理，避免因放炮振动产生早期裂纹。

6. 管片拼装问题

常见的管片拼装问题主要体现在以下几个方面：

(1) 管片环端面不平整。

(2) 邻环面中心偏移。

(3) 管片块体损伤。

(4) 管片衬砌环的中心和盾构的中心有偏移。

(5) 衬砌壁后注浆材料侵入盾尾部位处，由于注浆材料结硬产生约束。

(6) 圆环整环旋转。

(7) 连接螺栓未达到标准要求。

（8）管片错台过大。

（9）管片椭圆度过大。

（10）管片上浮、下沉。

控制措施有：

（1）清除环面和盾尾内的各种杂物。

（2）检查止水带粘贴情况，保证止水带粘贴可靠。

（3）尽量多开启千斤顶，使盾构纠偏的力变化均匀。

（4）封顶块拼装前，沿封顶块弹性橡胶密封圈纵向涂抹润滑油脂，测量拼装净空与封顶块尺寸，确保封顶块能顺利插入。

（5）首先安装最下方一块管片，由下到上、左右对称安装剩余管片，最后安装封顶块管片。

（6）抓举提升、转动、定位过程中，拼装机动作应缓慢，避免急停急起导致管片磕碰掉角、吊装孔破碎。

（7）管片定位时，需有专人测量管片错台，精确指挥管片的微调。

（8）管片安装成环后，紧固管片连接螺栓，使管片与已成型隧道形成统一整体，管片脱出盾尾后应复紧螺栓。

（9）管片拼装应严格按设计要求进行，管片无内外贯穿裂缝，无大于0.2mm的推顶裂缝及混凝土剥落现象。

（10）螺栓应全部穿进，螺母拧入螺杆的丝距应符合设计要求，螺栓质量及拧紧度必须符合设计要求。

三、监督检查事项

隧道工程质量监督检查项点主要有检查环节、检查内容和方法、检查依据、常见问题或情形、定性、处理依据和处理措施，具体内容详见表2-1～表2-14。

基本规定方面监督检查事项

表 2-1

序号	检查环节	检查内容和方法	检查依据	常见问题或情形	定性	处理依据	处理措施
1	质量管理体系	查施工质量管理体系（施工质量检验制度、综合施工质量水平评定考核制度）	D19 第3.1.1条	施工、监理单位质量管理体系不健全；建设单位对施工、监理单位质量管理体系和制度执行检查，督促不到位	质量管理体系不健全，违反技术标准	—	责令改正
2	施工质量控制	1.查进场检验资料；2.查施工日志、施工记录、检验批、旁站记录、监理日记等资料	D19 第3.1.3条	未按规定进行材料、构配件和设备的经常检验；使用检验不合格的材料、构配件和设备，上道工序未按规定进行检查验收，即进行下道工序	未对建筑材料、建筑构配件、设备进行检验	C01 第六十四条、第六十五条	责令改正，罚款等
3	隐蔽工程影像留存	查隐蔽工程影像资料	D19 第3.1.3条、第3.1.4条	1.隐蔽工程未全数检查并形成记录；2.参加验收的各方人员不具备相应资格；3.对涉及结构安全、环境保护和主要使用功能的试块、试件及材料，进场时未按规定进行检验，工程外观质量未经验收人员共同确认	违反技术标准	C01 第六十五条、第六十七条	责令改正，罚款等

续上表

序号	检查环节	检查内容和方法	检查依据	常见问题或情形	定性	处理依据	处理措施
4	施工质量保证资料	1. 查施工原始记录、试验检测数据、质量检验结果质量保证资料；2. 查质量缺陷修补方案	D19 第3.1.5条，B02 第二十八条	1. 原材料、构配件、半成品和成品质量检验结果资料不全；施工过程中遇到的非正常情况记录及其对工程质量的影响分析资料不全；2. 施工过程中发现的质量缺陷无修补方案，或经处理补救后证明满足质量要求的技术资料不全	质量保证资料不齐全、不真实、不系统、不完整	B02 第六十四条	责令改正，罚款等
5	验收单元划分	查单位、分部、分项工程，检验批划分方案及其审批、备案情况	D19 第3.2.3条～第3.2.6条、第3.2.8条	1. 分部工程、分项工程及检验批划分方案不规范；2. 分部工程、分项工程及检验批划分方案未经监理审批或未在建设单位备案	验收单元划分不合规，违反技术标准	B02 第六十四条	责令改正，罚款等

续上表

序号	检查环节	检查内容和方法	检查依据	常见问题或情形	定性	处理依据	处理措施
6	验收	查进场检验资料、检验批、分部、分项、单位工程质量验收表、主要功能抽查记录表、感官质量检查记录表	D19 第3.3.1条～第3.3.4条	1. 施工原始记录、试验检测数据质量、检验结果等质量保证资料不全；2. 主控项目的质量未全部合格；3. 检验批质量验收未全数合格，检验批质量验收记录不完整；4. 分项工程验收未全部合格，质量保证资料不完整	验收程序不规范，违反技术标准	C01 第六十四条、第六十七条	责令改正，罚款等

注：各责任单位未按照法律、法规和工程建设强制性标准履行建设、勘察、设计、施工和监理等质量职责或由此导致建设工程存在实体质量问题的，责令限期改正，处以罚款；情节严重或造成工程质量事故的，责令停业整顿，降低资质等级或吊销资质证书；造成损失的，依法承担赔偿责任。

原材料、构配件和半成品监督事项

表2-2

序号	检查环节	检查内容和方法	检查依据	常见问题或情形	定性	处理依据	处理措施
1	钢架、钢筋网片、小导管、沟槽盖板等半成品、构配件	现场核查、尺量，查质量证明文件	D19 第4.1.3条、第4.1.4条	1. 规格、尺寸与设计不符；未实现工厂化生产；质量证明文件不齐全；2. 未按品种、规格和检验状态分别标识、分区存放	未按工程设计图纸或施工技术标准施工；使用不合格原材料或构配件，降低工程质量	B02 第六十四条	责令改正，罚款等

续上表

序号	检查环节	检查内容和方法	检查依据	常见问题或情形	定性	处理依据	处理措施
2	支护材料	1. 查锚杆规格、性能； 2. 查钢筋进场检验； 3. 查型钢的试验检验报告； 4. 查超前支护所用钢管的进场检验、试验报告	D19 第4.2.1条～ 第4.2.4条	1. 锚杆的性能和规格不符合设计要求； 2. 钢筋进场检验不符合规定； 3. 未进行型钢的物理性能、力学性能和工艺性试验； 4. 未进行钢管的力学性能和工艺性试验	未按工程设计图纸或施工技术标准施工	B02 第六十五条	责令改正，罚款等
3	防排水材料	查进场检验情况	D19 第4.3.1条～ 第4.3.7条	规格、性能指标不符合设计要求；质量证明文件不全；检验项目不全（注：土工布每10000m²一批，防水板、排水板每5000m²一批，止水带每5000m、盲管每2000m一批，止水条每1000m或每5t为一批）频次不足	使用不合格材料，对材料检验不到位，降低工程质量	B02 第六十四条、 第六十五条	责令改正，罚款等
4	排水管沟、预埋槽道、防护门、综合接地体	现场核查，尺量，查质量证明文件	D19 第4.4.6条～ 第4.4.10条	规格、强度、性能指标符合设计要求；现场检验数量和检验方法不合规	使用不合格原材料或配件，降低工程质量；未按工程设计图纸或施工技术标准施工	B02 第六十四条	责令改正，罚款等

洞口及明洞工程（含加固处理）监督检查事项

表 2-3

序号	检查环节	检查内容和方法	检查依据	常见问题或情形	定性	处理依据	处理措施
1	地表注浆	现场检查，尺量，查质量验收资料及注浆效果检测报告	D19 第5.1.1条、第5.1.2条、第5.2.2条、第5.2.4条	1. 未通过工艺性试验确定工艺参数； 2. 地表注浆未按设计要求进行工艺性试验；注浆前未对管口进行固定，未采取止浆措施； 3. 注浆孔间距、孔深偏差不合规，注浆施工未按确定的参数进行； 4. 加固效果不符合设计要求	未按工程设计图纸或施工技术标准施工	B02 第六十四条	责令改正，罚款等
2	隧底加固桩	现场检查，尺量，查质量验收资料及承载力检验报告	D19 第5.4.1条，碎石桩见D17第5.9条，旋喷桩见D17第5.13条，搅拌桩见D17第5.12条，挤密桩见D17第5.11条，CFG桩见D17第5.14条，混凝土灌注桩见D17第5.16条	1. 未通过工艺性试验确定施工参数； 2. 加固范围、数量、加固桩桩径、桩长、承载力的检验数量和检验方法不合规； 3. 加固桩混凝土强度的检验不合规；桩位间距偏差不合规； 4. 加固效果不符合设计要求	未按设计要求施工	B02 第六十四条	责令改正，罚款等

续上表

序号	检查环节	检查内容和方法	检查依据	常见问题或情形	定性	处理依据	处理措施
3	边、仰坡防护	现场核查，查质量验收资料	D19、D17、第6.5.1条、第11.3.5条、第11.3.7条、第11.3.8条、第11.6.7条、第11.6.8条	1.边、仰坡的防护范围或形式不符合设计要求；2.骨架护坡未嵌入坡面，与坡面不密贴，存在空洞；3.现浇骨架护坡一次浇筑，未与骨架镶边、截水槽护坡镶边、截水缘与骨架连接不符合设计要求；4.沉降缝未上下贯通，缝宽与缝的塞封不符合设计要求；5.锚杆注浆质量、注浆体强度等级、锚杆布置形式及参数不符合设计要求；6.锚索的张拉顺序、张拉工艺、张拉力及锁定不符合设计要求，现场检验数量和检验方法不合规，主动防护网支撑绳、锚杆的张拉力和张拉工艺不符合设计要求，现场检验数量和检验方法不合规	未按工程设计图纸或施工技术标准施工	B02 第六十四条	责令改正，罚款等

续上表

序号	检查环节	检查内容和方法	检查依据	常见问题或情形	定性	处理依据	处理措施
4	洞口施工顺序	现场核查	D19 第6.1.2条~第6.1.4条	1. 洞口边、仰坡开挖前未清除上方危石或未完善其防护措施；2. 洞口边、仰坡开挖前未完成边坡防护工程以及边仰坡截排水系统的施工；3. 隧道开挖前未完成洞口边、仰坡开挖和防护	未按工程设计图纸或施工技术标准施工	B02 第六十四条	责令改正,罚款等
5	边、仰坡开挖	现场核查,尺量,查监测资料	D19 第6.2.1条~第6.2.3条	1. 洞口边、仰坡的形式不符合设计要求；2. 洞口边、仰坡的坡度和范围不符合设计要求；3. 洞口、明洞开挖偏差不合规	未按工程设计图纸或施工技术标准施工	B02 第六十四条	责令改正,罚款等
6	隧道洞门结构、挡(端)墙、明洞	现场核查结构尺寸,查地基承载力检测记录,回填质量验收资料等	D19 第6.3.1条~第6.3.3条	1. 结构基础的地基承载力、结构断面尺寸不符合设计要求；2. 基坑底面有积水、虚渣、杂物；3. 钢筋规格、数量及安装不符合设计要求	未按工程设计图纸或施工技术标准施工	B02 第六十四条	责令改正,罚款等

续上表

序号	检查环节	检查内容和方法	检查依据	常见问题或情形	定性	处理依据	处理措施
7	回填、防护工程	1. 查回填材料；2. 查回填压实质量；3. 查相关设施的实体质量	D19 第6.4.1条、第6.4.2条、第6.6.1条	1. 回填材料种类和粒径不符合设计要求；2. 回填压实质量不符合设计要求；3. 混凝土结构检查设施的位置和强度不符合设计要求	未按工程设计图纸或施工技术标准施工	B02 第六十四条	责令改正，罚款等

洞身开挖（钻爆法）监督检查事项

表2-4

序号	检查环节	检查内容和方法	检查依据	常见问题或情形	定性	处理依据	处理措施
1	超前地质预报	查超前地质预报方案和开展情况	D19 第7.1.1条	洞身开挖前未按超前地质预报方案开展地质预报	未按工程设计图纸或施工技术标准施工	B02 第六十四条	责令改正，罚款等
2	设计开挖方法评估资料	查资料	D19 第7.1.2条	洞身开挖前未根据地质条件等对设计文件中的开挖方法进行评估	未按工程设计图纸或施工技术标准施工	B02 第六十四条	责令改正，罚款等
3	地质编录和地质核对、确认	现场核查、查地质编录、核对、确认资料	D19 第7.1.4条、第7.2.3条、第7.2.4条	1. 每循环开挖后未及时开展地质编录、地质核对和确认工作；2. 隧底开挖后未对设计情况进行确认；3. 岩溶隧道未按设计要求对隧底情况进行探测	未按工程设计图纸或施工技术标准施工	B02 第六十四条	责令改正，罚款等

续上表

序号	检查环节	检查内容和方法	检查依据	常见问题或情形	定性	处理依据	处理措施
4	开挖断面的中线和高程、开挖轮廓尺寸	现场核查，查监测、检测资料	D19 第7.2.1条、第7.2.2条	1. 隧道开挖断面的中线和高程不符合要求；2. 开挖轮廓尺寸不符合设计要求，未严格控制超、欠挖	未按工程设计图纸或施工技术标准施工	B02 第六十四条	责令改正，罚款等
5	隧底承载力试验检测	结合设计文件，查试验检测资料	D19 第7.2.3条	隧底设计有承载力要求的地段未开展承载力试验检测工作	未按施工技术标准施工	—	责令改正

表2-5 监控量测监督检查事项

序号	检查环节	检查内容和方法	检查依据	常见问题或情形	定性	处理依据	处理措施
1	监控量测工作开展情况	现场核查，查成果资料	B02 第28条	未按设计要求开展监控量测工作	未按工程设计图纸或施工技术标准施工	B02 第六十四条	责令改正，罚款等
2	监控量测工作质量	结合经批准的监控量测方案，现场核查	B02 第28条	监控量测工作不规范，数据收集不真实，测点埋设位置、点位布置等不符合设计要求	未按工程设计图纸或施工技术标准施工	B02 第六十四条	责令改正，罚款等
3	监控量测数据分析	查成果资料	D19 第7.1.5条	未根据监控量测数据及时进行回归分析，判断隧道围岩及初期支护的稳定状态	未按施工技术标准施工	—	责令改正

续上表

序号	检查环节	检查内容和方法	检查依据	常见问题或情形	定性	处理依据	处理措施
4	成果应用	查监控量测成果资料应用情况	D19 第7.1.5条	1. 监控量测成果未反馈于施工；2. 未按监控量测成果及时优化、调整开挖工艺；3. 未按监控量测成果对预留变形量进行动态调整	未按施工技术标准施工	—	责令改正

初期支护监督检查事项

表2-6

序号	检查环节	检查内容和方法	检查依据	常见问题或情形	定性	处理依据	处理措施
1	支护一般规定	现场查看	D19 第8.1.1条、第8.1.2条、第8.1.5条	1. 初期支护未紧跟开挖及时施作，未及早封闭成环；2. 超前预注浆、水平旋喷桩施工前未进行工艺性试验；3. 铺设钢筋网前未初喷混凝土	未按工程设计图纸或施工技术标准施工	B02 第六十四条	责令改正，罚款等

续上表

序号	检查环节	检查内容和方法	检查依据	常见问题或情形	定性	处理依据	处理措施
2	管棚	现场核查，查施工记录资料	D19 第8.2.2条、第8.2.4条、第8.2.5条	1. 管棚施作位置、搭接长度和数量不符合设计要求； 2. 注浆配合比不符合设计要求； 3. 注浆压力、注浆量不符合设计要求	未按工程设计图纸或施工技术标准施工	B02 第六十四条	责令改正，罚款等
3	超前小导管	现场核查，查原材料进场验收记录、施工记录及质量控制资料	D19 第8.2.7条～第8.2.9条	1. 超前小导管种类、规格、长度、搭接长度和数量不符合设计要求； 2. 设施位置、搭接长度和数量不符合设计要求； 3. 超前小导管和支撑结构连接不符合要求	使用不合格的建筑构配件，未按工程设计图纸或施工技术标准施工	B02 第六十四条	责令改正，罚款等
4	水平旋喷桩	现场核查，查施工记录及质量控制资料	D19 第8.2.13条、第8.2.14条	1. 数量、桩长、桩径、桩间距、桩体的完整性不符合设计要求； 2. 旋喷效果不符合设计要求	未按工程设计图纸或施工技术标准施工	B02 第六十四条	责令改正，罚款等

续上表

序号	检查环节	检查内容和方法	检查依据	常见问题或情形	定性	处理依据	处理措施
5	喷射混凝土	现场核查,查施工、检测记录资料,无损检测,破检	D19 第8.3.1条、第8.3.3条	1. 喷射混凝土24h强度小于10MPa; 2. 喷射混凝土强度不满足设计要求; 3. 平均厚度不符合设计要求;现场检验数量和检验方法不合规	未按工程设计图纸或施工技术标准施工	B02 第六十四条	责令改正,罚款等
6	锚杆、钢筋网	查原材料进场验收记录,施工记录及质量控制影像资料	D19 第8.3.6条~第8.3.8条、第8.3.12条、第8.3.13条	1. 类型、规格、长度不符合设计要求; 2. 锚杆安装数量不足; 3. 各类锚杆的胶结、锚固质量不符合设计要求; 4. 钢筋网类、规格不符合设计要求; 5. 搭接长度不足	使用不合格的建筑构配件,未按工程设计图纸或施工技术标准施工	B02 第六十四条	责令改正,罚款等

续上表

序号	检查环节	检查内容和方法	检查依据	常见问题或情形	定性	处理依据	处理措施
7	钢架	现场察看，测量，查钢架各节段间连接情况、锁脚布置，查原材料进场验收记录	D19 第8.3.14条、第8.3.16条	1. 材料种类、规格和数量不符合设计要求；2. 钢架架设不及时，位置超限，锁脚锚杆与钢架间，钢架各节和钢架间连接不牢；3. 钢架底脚未置于牢固的基础上	使用不合格的建筑材料、构配件，未按工程设计图纸或施工技术标准施工	B02 第六十四条	责令改正，罚款等

表2-7 衬砌监督检查事项

序号	检查环节	检查内容和方法	检查依据	常见问题或情形	定性	处理依据	处理措施
1	仰拱（底板）及填充	现场核查，查资料，必要时凿孔或进行无损检测	D19 第9.2.1条～第9.2.3条	1. 隧底有虚渣，不密实，开挖深度不符合设计要求；2. 仰拱（底板）和填充混凝土厚度不足；3. 仰拱（底板）的钢筋规格及安装不符合设计要求；仰拱厚度不足	未按工程设计图纸或施工技术标准施工	B02 第六十四条	责令改正，罚款等

续上表

序号	检查环节	检查内容和方法	检查依据	常见问题或情形	定性	处理依据	处理措施
2	拱墙衬砌	现场核查,查资料,必要时钻孔或进行无损检测	D19 第9.1.3条、第9.1.5条、第9.3.2条、第9.3.7条、第9.3.8条	1. 衬砌台车使用前未验收; 2. 衬砌脱模时混凝土强度不足; 3. 隧道边墙基底有虚渣、杂物及淤泥; 4. 混凝土厚度、密实度、钢筋数量不符合设计要求; 5. 钢筋混凝土的保护层厚度不符合设计要求	未对设备进行检验,未按工程设计图纸或施工工艺、技术标准施工	B02 第六十四条、第六十五条	责令改正,罚款等
3	施工缝、变形缝	现场核查,尺量	D19 第9.1.6条	仰拱、填充施工缝未与拱墙环向施工缝对齐;变形缝位置、宽度和构造形式不符合设计要求	未按工程设计图纸或施工工艺、技术标准施工	B02 第六十四条	责令改正,罚款等
4	回填注浆	现场核查,地质雷达扫描	D19 第9.4.1条、第9.4.2条	1. 注浆强度不符合设计要求; 2. 回填注浆后,拱顶衬砌与初期支护之间不密实,存在空洞	未按工程设计图纸或施工工艺、技术标准施工	B02 第六十四条	责令改正,罚款等
5	裂缝记录	现场核查,查资料	D19 第9.1.10条	衬砌完成后,施工单位未对衬砌表面裂缝进行标记、记录	未按工程设计图纸或施工工艺、技术标准施工	B02 第六十四条	责令改正,罚款等

防水和排水监督检查事项

表 2-8

序号	检查环节	检查内容和方法	检查依据	常见问题或情形	定性	处理依据	处理措施
1	洞口防排水	1. 查排水系统的连接； 2. 查排水沟、截水沟的结构形式及使用状态； 3. 查防排水结构的钢筋布置	D19 第 10.2.1 条～ 第 10.2.4 条	1. 洞内外排水系统未连接； 2. 洞口边坡排水沟、仰坡顶截水沟结构形式与设计不符，坡顶截水沟形式与永久排水系统相连； 3. 洞口排水沟、截水沟内有积水； 4. 各种防排水结构的钢筋规格、数量及安装与设计不符	未按工程设计图纸或施工技术标准施工	B02 第六十四条	责令改正，罚款等
2	洞内排水	查洞内水沟的结构形式，沟底高程、坡度，泄水孔布置	D19 第 10.3.1 条～ 第 10.3.3 条	1. 洞内水沟布置形式、结构形式、纵向坡度不符合设计要求； 2. 泄水沟、泄水槽的位置、间距和尺寸与设计不符； 3. 排水沟沟槽身的钢筋规格、数量及安装与设计不符	—	—	责令改正

续上表

序号	检查环节	检查内容和方法	检查依据	常见问题或情形	定性	处理依据	处理措施
3	盲管	查盲管铺设位置、盲管连接、纵向盲管坡度	D19 第10.3.15条、第10.3.16条	1. 盲管铺设位置偏差过大、数量不足，盲管连接坡度不符合设计要求；2. 排水盲管之间的连接、盲管与排水沟之间的连接不牢固（纵向排水盲管上方未设置无砂混凝土或支撑透水结构，纵向排水盲管设置位置不符合设计要求，防水板为反包排水盲管）	未按工程设计图纸或施工技术标准施工，降低工程质量	B02 第六十四条	责令改正、罚款等
4	泄水洞	查泄水洞位置和结构尺寸、与正洞的联络通道	D19 第10.4.1条~第10.4.3条	1. 位置、长度、高程、结构尺寸等与设计不符；2. 积水廊道、积水孔不合设计要求；3. 与正洞的联络通道数量不足，尺寸不符合要求	未按工程设计图纸或施工技术标准施工	B02 第六十四条	责令改正、罚款等

续上表

序号	检查环节	检查内容和方法	检查依据	常见问题或情形	定性	处理依据	处理措施
5	止水条、止水带、嵌缝材料	查止水带（条）安装质量	D19 第10.5.2条、第10.5.3条、第10.5.5条	1. 止水带（条）位置偏差大于限值，连接不符合设计要求，搭接长度不足； 2. 嵌缝材料的品种、规格不符合设计要求； 3. 变形缝嵌缝时基层处理不符合设计要求，嵌缝不密实、不牢固	未按工程设计图纸或施工技术标准施工，降低工程质量	B02 第六十四条	责令改正，罚款等
6	防水层铺设	1. 查铺设基面检验批； 2. 查防水层铺设质量； 3. 查排水管搭接	D19 第10.5.7条、第10.5.8条、第10.5.13条	1. 基面平整度不合规，并可靠固定，有破损现象； 2. 防水板板搭接与基面密贴150mm，双缝焊接时焊缝有效宽度小于15mm； 3. 排水管搭接宽度不足	未按工程设计图纸或施工技术标准施工，降低工程质量	B02 第六十四条	责令改正，罚款等

明挖工程监督检查事项

表 2-9

序号	检查环节	检查内容和方法	检查依据	常见问题或情形	定性	处理依据	处理措施
1	一般规定	查降水方案，现场观察，量测	D19 第13.1.1条、第13.1.2条、第13.1.4条、第13.1.6条	1. 开挖前未按设计要求进行施工降水； 2. 监控量测项目不全，监测频次不足； 3. 基坑支撑防护未采取防坠落措施； 4. 桩间网喷混凝土结构未经过验收	未按工程设计图纸或施工技术标准施工	B02 第六十四条	责令改正，罚款等
2	地下连续墙	查基坑专项施工方案，核对设计文件，现场观察，量测	D19 第13.2.1条~第13.2.5条	1. 地下连续墙位置、深度、宽度不符合设计要求； 2. 地下连续墙墙身不完整，有夹层； 3. 钢筋的规格、数量不符合设计要求； 4. 混凝土强度和抗渗性能不符合设计要求； 5. 接头处理不符合设计要求	偷工减料，未按工程设计图纸或施工技术标准施工	B02 第六十四条	责令改正，罚款等

续上表

序号	检查环节	检查内容和方法	检查依据	常见问题或情形	定性	处理依据	处理措施
3	支撑	查基坑专项施工方案，核对设计文件，现场观察、量测	D19 第13.3.1条~第13.3.6条	1. 钢筋混凝土支撑的平面位置及断面尺寸不符合设计要求； 2. 钢筋混凝土支撑钢筋的规格数量不符合设计要求； 3. 钢筋混凝土支撑的强度未达到设计强度； 4. 钢支撑构件成品进场未验收； 5. 钢支撑预加轴向力不符合设计要求； 6. 钢支撑牛腿节点焊接不符合要求	偷工减料，未按施工图纸或施工技术标准施工	B02 第六十四条	责令改正，罚款等
4	基坑开挖	查施工降水、围护结构、地面排水	D19 第13.4.1条、第13.4.2条	1. 基底未处理或处理不到位； 2. 边坡开挖方式、坡度、防护形式不符合设计要求	未按工程设计图纸或施工技术标准施工	—	责令改正
5	混凝土垫层	现场量测基坑混凝土垫层厚度	D19 第13.5.1条	混凝土垫层厚度不足	未按工程设计图纸施工	—	责令改正

盾构(TBM)隧道工程监督检查事项

表2-10

序号	检查环节	检查内容和方法	检查依据	常见问题或情形	定性	处理依据	处理措施
1	盾构(TBM)设备	查设备进场报验资料	D19 第14.1.1条	未认真核查设备的关键性能,无审核记录;未根据工程地质及水文地质条件合理确定设备技术参数、完善设备配套;设备性能不满足设计要求;设备不具备强排突涌水的能力;防水防尘能力不符合设计要求	设备选型不符合设计要求,违反技术标准	B02 第六十五条	责令改正,罚款等
2	专项超前地质预报及监控量测	现场核查,查资料	D19 第14.1.2条	掘进前或掘进过程中未根据超前地质预报、地质补勘及监控量测信息调整掘进参数	未按工程设计图纸或施工技术标准施工	—	责令改正
3	施工准备	查工程地质、水文地勘察报告,沿线环境调查报告、施工组织设计文件等	D38 第4.1.1条~第4.1.3条	1. 未对施工地段地质、水文地质情况进行调查和补充地质勘察; 2. 未对工程影响范围内的地面建(构)筑物周围进行调查;未对需要加固和基础托换的建(构)筑物进行鉴定,未提前制订施工方案; 3. 未对工程影响范围内的地下障碍物、地下构筑物及地下管线进行调查和探查	未按施工技术标准施工	—	责令改正

续上表

序号	检查环节	检查内容和方法	检查依据	常见问题或情形	定性	处理依据	处理措施
4	施工前技术准备	查技术资料、验收记录	D38 第4.2.1条、第4.2.2条	1. 隧道施工前各类技术资料准备不齐全； 2. 盾构掘进前未复核工作井参数，各项设施和洞门圈密封装置未验收	未按施工技术标准施工	—	责令改正
5	工作井	查施工方案、地勘报告等	D38 第4.5.1条、第4.5.2条	1. 工作井施工方法不安全、不经济，对周边影响较大，不满足始发和接收的相关要求； 2. 洞口段土体不满足防水、防坍塌要求时未提前采取加固措施	—	—	责令改正
6	施工测量一般规定	查测量资料交接手续、复测记录、施工测量方案	D38 第5.1.2条、第5.1.3条、第5.1.7条	1. 未收集、交接测量资料，未对既有测量控制点进行复测和保护； 2. 施工前未制订测量方案； 3. 变形区内的测量控制点在使用前未检测	—	—	责令改正

第二章 ◇ 隧道工程质量监督检查

续上表

序号	检查环节	检查内容和方法	检查依据	常见问题或情形	定性	处理依据	处理措施
7	地面控制测量	查施工测量方案、复测记录及成果，现场检查控制点	D38 第5.2.3条、第5.2.4条、第5.2.6条	1. 控制网和测量技术不满足要求； 2. 井口布设的控制点少于3个； 3. 地面控制网未定期复测，控制点不稳定时未增加复测频率	—	—	责令改正
8	联系测量	查施工测量方案、联系测量记录	D38 第5.3.3条、第5.3.6条	1. 贯通前联系测量次数少于3次，贯通长度大于1500m时未增加联系测量次数和提高精度； 2. 地下埋设的永久证井点数量不满足要求	未按施工技术标准施工	—	责令改正
9	隧道内控制测量	查施工测量方案，现场检查点位数量	D38 第5.4.2条、第5.4.3条、第5.4.9条	1. 控制测量起算点数量少于规范要求； 2. 控制点埋设不符合要求； 3. 隧道贯通前控制导线和控制水准测量少于3次	未按施工技术标准施工	—	责令改正

续上表

序号	检查环节	检查内容和方法	检查依据	常见问题或情形	定性	处理依据	处理措施
10	施工测量	查测定记录	D38 第5.5.3条、第5.5.6条、第5.5.7条	1. 盾构就位后未测定盾构的初始姿态; 2. 盾构姿态未根据测量成果及时调整; 3. 管片拼装后未测量盾尾间隙	未按施工技术标准施工	—	责令改正
11	贯通测量和竣工测量	测量记录、测点设置	D38 第5.6.2条、第5.7.4条、第5.7.5条	1. 贯通测量未在贯通面设置贯通相遇点; 2. 竣工测量横断面数量、测点位置不符合设计要求; 3. 横断面测量误差超过规范要求(±10mm)	未按施工技术标准施工	—	责令改正
12	管片生产与验收	查一般规定	D38 第6.1.1条～第6.1.4条	1. 管片生产未建立健全质量管理体系、质量控制和检验制度; 2. 生产操作人员未培训即上岗;特殊工种未持证上岗; 3. 生产设备未定期检定; 4. 未编制施工组织设计或技术方案	未建立相关制度体系	—	责令改正

续上表

序号	检查环节	检查内容和方法	检查依据	常见问题或情形	定性	处理依据	处理措施
13	管片原材料	查原材料质量证明文件、进场检验报告等	D38 第6.2.1条、第6.2.2条	1. 钢筋混凝土管片原材料无质量证明文件、进场未检验； 2. 钢管片的各种原材料品种、性能与设计不符	使用不合格的建筑材料、构配件	B02 第六十四条	责令改正,罚款等
14	管片模具	查验收记录、检验记录	D38 第6.3.3条、第6.3.4条	1. 模具未经验收或验收不符合规定即开始生产； 2. 使用过程中未按要求进行检验	使用不合格构配件	B02 第六十四条	责令改正,罚款等
15	混凝土养护	查养护措施、养护记录	D38 第6.5.3条~第6.5.5条	1. 混凝土生产未按要求留置试件进行检测； 2. 混凝土各阶段养护措施不到位； 3. 冬期施工不符合要求	—	—	责令改正

续上表

序号	检查环节	检查内容和方法	检查依据	常见问题或情形	定性	处理依据	处理措施
16	钢筋混凝土管片 生产	查管片信息台账、质量检验记录、成品检验记录	D38 第6.6.1条~第6.6.3条	1. 未按要求标记混凝土管片型号、编号、模具编号、生产日期、生产单位等信息； 2. 管片存在质量缺陷； 3. 管片成品检验项目不全（每15环抽检1环几何尺寸和主筋保护层厚度，每200环检验水平拼装）	—	—	责令改正
17	钢管片	查材料质量证明文件、焊缝质量检验报告、施工记录	D38 第6.7.1条~第6.7.3条	1. 钢管片外露面的防腐处理和涂层加工不符合设计及规范要求； 2. 钢管片外观质量差，焊缝和涂层未检验； 3. 没有按要求检验钢管片成品	未按施工技术标准施工	—	责令改正

续上表

序号	检查环节	检查内容和方法	检查依据	常见问题或情形	定性	处理依据	处理措施
18	管片储存与运输、现场验收	现场查看	D38 第6.8.1条~第6.8.3条、第6.9.1条、第6.9.3条	1. 管片存放场地出现不均匀沉降； 2. 管片存储码放方式不正确，管片之间未设垫木，码放高度过高； 3. 管片翻转、吊装和运输未采取安全措施； 4. 管片进场后未按要求进行验收； 5. 管片外观质量存在严重缺陷	未按施工技术标准施工	—	责令改正
19	掘进施工一般规定	查盾构机调试、验收记录、施工记录、测量记录	D38 第7.1.1条、第7.1.8条、第7.1.13条	1. 盾构组装完成后未进行调试，验收内容不全； 2. 掘进过程中遇到地层坍塌、管片严重错台、壁后注浆故障等异常情况未及时采取处理措施； 3. 未对盾构姿态和管片状态进行复核测量	未按施工技术标准施工	—	责令改正

续上表

序号	检查环节	检查内容和方法	检查依据	常见问题或情形	定性	处理依据	处理措施
20	盾构组装和调试、现场验收	查组装方案、地基承载力计算报告、盾构机验收报告	D38 第7.2.1条、第7.3.1条~第7.3.3条	1. 盾构组装前未制订针对性的组装方案,未核验起吊位置的地基承载力; 2. 盾构现场验收内容不全; 3. 各系统未验收合格即开始掘进施工; 4. 盾构现场运转和掘进未进行评估即进行验收	未执行检验验收制度	—	责令改正
21	盾构始发	查洞门破除方案、验算报告等	D38 第7.4.2条~第7.4.5条、第7.4.7条	1. 始发掘进前未制订洞门围护结构破除方案,未采取密封措施; 2. 未对反力架进行安全验算; 3. 未复核盾构姿态; 4. 拆除负环管片,未验算成型管片与地层的摩擦力是否满足盾构掘进反力要求; 5. 盾尾密封刷进入洞门结构,未对洞门间隙进行封堵和注浆即开始掘进	未按施工技术标准施工	—	责令改正

第二章 ◇ 隧道工程质量监督检查

续上表

序号	检查环节	检查内容和方法	检查依据	常见问题或情形	定性	处理依据	处理措施
22	始发洞与接收洞	查洞身开挖、支护、衬砌、防排水质量控制	D19 第14.1.9条	始发、接收洞的洞身开挖、支护衬砌、防排水施工质量不符合设计要求或不合规	未按工程设计图纸或施工技术标准施工	B02 第六十四条	责令改正,罚款等
23	开仓作业	查开仓作业记录、专项方案	D38 第7.8.2条、第7.8.4条~第7.8.6条	1. 选择的开仓作业地点不合适; 2. 在不稳定地层开仓作业时未采取加固等措施; 3. 气压作业前,准备工作不足,相关安全措施未落实; 4. 气压作业前,开挖仓内气压未经计算和试验确定	未按施工技术标准施工	—	—
24	管片拼装	查验收资料、施工日志、管片质量、防水密封条	D38 第9.1.1条	1. 拼装前未对防水密封材料进行验收; 2. 管片拼装完成,脱出盾尾后,未及时复紧管片螺栓	未执行检验验收制度	—	责令改正

续上表

序号	检查环节	检查内容和方法	检查依据	常见问题或情形	定性	处理依据	处理措施
25	拼装质量	现场观察、量测、查资料	D38 第9.3.1条、第9.3.2条	1. 管片出现内外贯穿裂缝,宽度大于0.2mm的裂缝或混凝土剥落; 2. 防水密封条质量不合格,有损坏; 3. 管片拼装偏差超限值,衬砌环内错台大于6mm,环间错台大于7mm	未按施工技术标准施工	—	责令改正
26	管片修补	查修补方案及审批	D38 第9.4.1条、第9.4.2条	1. 修补后质量不符合要求; 2. 未制订修补方案,施工单位随意修补	未按施工技术标准施工	—	责令改正
27	注浆作业	查记录、浆液配比设计、注浆工艺	D38 第10.3.2条、第10.3.4条	1. 注浆前未对注浆孔、注浆管路和设备进行检查; 2. 壁后注浆工艺未根据注浆效果、地质条件变化等进行调整	未按施工技术标准施工	—	责令改正

续上表

序号	检查环节	检查内容和方法	检查依据	常见问题或情形	定性	处理依据	处理措施
28	接缝防水	查防水材料检验报告,现场查施工质量	D38 第11.2.1条~第11.2.3条	1.防水材料未按设计要求选择,进场未进行抽检；2.密封条粘贴不牢固,有起鼓、超长、缺口等现象,粘贴歪斜、扭曲；3.采用嵌缝防水材料时,填塞不平整、不密实	材料进场未检验,未按施工技术标准施工	B02 第六十五条	责令改正,罚款等
29	特殊部位防水	查施工方案、施工记录	D38 第11.3.1条、第11.3.3条	1.注浆后未对注浆孔进行密封防水处理；2.隧道与工作井、联络通道等附属构筑物的接缝未按要求进行防水处理	未按施工技术标准施工	—	责令改正
30	盾构接收	查土体质量检查报告,施工记录	D38 第7.9.2条、第7.9.3条、第7.9.5条	1.接收前未对洞口土体进行检查；2.盾构距接收井100m时,未对盾构姿态进行测量和调整；3.到达接收井时,未控制管片环缝挤压密实,无法确保密封防水效果	未按施工技术标准施工	—	责令改正

续上表

序号	检查环节	检查内容和方法	检查依据	常见问题或情形	定性	处理依据	处理措施
31	特殊地段施工	查专项施工技术措施、应急预案	D38 第8.1.2条	1. 未根据现场实际情况制订专项施工技术措施和应急预案； 2. 未根据地层条件合理设定开挖面压力； 3. 未及时调整壁后注浆材料、压力和注浆量	未按施工技术标准施工	—	责令改正
32	大坡度地段施工	查现场施工措施、注浆材料等	D38 第8.2.3条	1. 牵引机车未采取防溜车措施； 2. 上坡时，后配套设备未采取防脱溜措施	未按施工技术标准施工	—	责令改正
33	地下管线与地下障碍物施工	查专项施工方案、管线或障碍物相关信息	D38 第8.2.4条	1. 未制订专项施工方案，或未按照专项施工方案施工； 2. 对要求保护的管线未采取保护措施	未按施工技术标准施工	—	责令改正
34	建（构）筑物地段施工	查建（构）筑物的调查报告、施工评估报告、监测方案	D38 第8.2.5条	1. 施工前未对建（构）筑物进行调查和评估； 2. 监测方案未落实； 3. 壁后注浆材料不符合要求	未按施工技术标准施工	—	责令改正

续上表

序号	检查环节	检查内容和方法	检查依据	常见问题或情形	定性	处理依据	处理措施
35	水坡地段施工	查工程地质、水文地质条件，现场查看排水设施	D38 第8.2.7条	1. 未查明工程地质水文地质条件；2. 现场未配备排水设施设备；3. 穿越前，未对盾构机密封系统进行检查	未按施工技术标准施工	—	责令改正
36	施工监测方案	查监测方案、监测项目	D38 第15.1.2条、第15.2.1条	1. 未编制施工监测方案，内容不全，或未经审批；2. 施工周边环境监测对象缺项	未按施工技术标准施工	—	责令改正
37	隧道结构监测	查监测原件、质量证明文件、安装表记录	D38 第15.3.2条	应力监测原件与预埋位置错误，在管片拼装前未进行测试	未按施工技术标准施工	—	责令改正
38	监测项目	查监测方案、现场测点保护	D38 第15.4.2条、第15.4.4条	1. 现场监测频率或测点布置位置、范围与方案不符；2. 施工期间未安排专人巡查；现场测点、监测元器件受损，未采取保护措施	未按施工技术标准施工	—	责令改正

续上表

序号	检查环节	检查内容和方法	检查依据	常见问题或情形	定性	处理依据	处理措施
39	监测预警	查监测方案	D38 第15.5.1条	监测预警值标准和预警等级未按照工程实际情况制订	未按施工技术标准施工	—	责令改正
40	监测成果	查监测记录表、监测成果及反馈	D38 第15.6.4条	监测数据未校核、签字不全，内容不完善，未对数据进行分析并反馈施工	未按施工技术标准施工	—	责令改正
41	成型隧道验收	查设计图纸、验收记录，现场尺量	D38 第16.0.1条~第16.0.3条	1. 结构表面有贯穿裂缝，有缺棱掉角现象；2. 隧道防水施工不符合设计要求；3. 平面位置和高程偏差超过限值	未按施工技术标准施工	—	责令改正
			D38 第16.0.5条	成型隧道衬砌环内错台超过12mm，环间错台超过17mm	未按施工技术标准施工	—	责令改正

特殊地质监督检查事项

表2-11

序号	检查环节	检查内容和方法	检查依据	常见问题或情形	定性	处理依据	处理措施
1	突水涌泥	现场核查，查质量控制资料	D19 第7.1.1条、第7.1.2条	1. 未编制专项施工方案或方案内容存在错漏；未执行专项方案审批程序； 2. 未开展超前地质预报工作或预警不及时，未建立与设计、施工的互馈机制； 3. 洞身开挖过程中未动态评估开挖方法	未按施工技术标准施工	—	责令改正
2	岩溶	现场核查，查质量控制资料	D19 第7.1.1条、第7.1.4条	1. 未编制专项施工方案或方案内容存在错漏；未执行专项方案审批程序； 2. 超前地质预报工作预警不及时，未建立与设计、施工的互馈机制； 3. 未按照设计要求对洞身周边及隧底岩溶赋存情况进行探测	未按工程设计图纸或施工技术标准施工	B02 第六十四条	责令改正，罚款等

续上表

序号	检查环节	检查内容和方法	检查依据	常见问题或情形	定性	处理依据	处理措施
3	活动断裂	现场核查,查质量控制资料	D25 第4.1.7条,D19 第7.1.1条	1. 未编制专项施工方案或方案内容存在错漏,未执行专项方案审批程序; 2. 超前地质预报工作预警不及时,未建立与设计、施工的互馈机制	未按施工技术标准施工	B02 第六十四条	责令改正,罚款等
4	岩爆	现场核查,查质量控制资料	D25 第4.1.7条,D19 第3.1.3条, 第7.1.2条	1. 未编制岩爆专项施工方案或方案内容存在错漏,未执行专项方案审批程序; 2. 未按设计要求及时采取改善周岩物理力学性能的措施或措施不到位,未按设计要求采取加固围岩防护措施,现场未采取有效施工防护措施,未按设计要求及时调整支护结构; 3. 洞身开挖过程中未动态评估开挖方法	未按工程设计图纸或施工技术标准施工	B02 第六十四条	责令改正,罚款等

续上表

序号	检查环节	检查内容和方法	检查依据	常见问题或情形	定性	处理依据	处理措施
5	大变形	现场核查,查质量控制资料	D25、D19 第4.1.7条, 第3.1.3条, 第7.1.1条, 第7.1.2条, 第7.1.5条	1. 未编制大变形专项施工方案或方案内容存在错漏,未执行专项方案审批程序; 2. 未按设计要求及时采取支护加强措施,支护加强措施不符合设计要求; 3. 超前地质预报工作预警不及时,未建立与施工的互馈机制; 4. 洞身开挖过程中未动态评估开挖方法; 5. 未根据监控量测数据及时进行回归分析,判断隧道围岩及初期支护的稳定状态,对预留变形量进行动态调整	未按工程设计图纸或施工技术标准施工	B02 第六十四条	责令改正,罚款等

续上表

序号	检查环节	检查内容和方法	检查依据	常见问题或情形	定性	处理依据	处理措施
6	碎屑流	现场核查,查质量控制资料	D25 第4.1.7条, D19 第3.1.3条, 第7.1.1条	1. 未编制碎屑流段专项施工方案或方案内容存在错漏;未执行专项施工方案审批程序; 2. 未按设计要求及时采取支护加强措施;支护加强措施施工不符合设计要求; 3. 未按设计要求开展超前地质预测预报工作或预测预报工作不完备	未按工程设计图纸或施工技术标准施工	B02 第六十四条	责令改正,罚款等
7	高地温	现场核查,查质量控制资料	D25 第4.1.7条, D19 第3.1.3条	1. 未编制高地温段专项施工方案或方案内容存在错漏;未执行专项施工方案审批程序; 2. 未按设计要求选择爆破器材和起爆方式;未按设计要求及时采用复合式衬砌;未按设计要求采取物理降温措施;现场未采取有效人员防护措施	未按工程设计图纸或施工技术标准施工	B02 第六十四条	责令改正,罚款等

续上表

序号	检查环节	检查内容和方法	检查依据	常见问题或情形	定性	处理依据	处理措施
8	有害气体	现场核查,查质量控制资料	D02 第4.1.7条	未编制有害气体专项施工方案或方案内容存在错漏;未执行专项施工方案审批程序;未按设计要求建立自动监控系统;通风效果不符合设计要求或不合规,现场未采取有效的人员防护措施	未按工程设计图纸或技术标准施工	B02 第六十四条	责令改正,罚款等

表2-12

辅助坑道监督检查事项

序号	检查环节	检查内容和方法	检查依据	常见问题或情形	定性	处理依据	处理措施
1	辅助坑道口	现场核查,查资料	D19 第11.1.1条、第11.3.1条	1. 辅助坑道口边、仰坡开挖及地表恢复不符合设计以及环境保护、水土保持有关规定; 2. 辅助坑道口边、仰坡支护不符合设计要求	未按工程设计图纸或技术标准施工	B02 第六十四条	责令改正,罚款等
2	结合部	现场核查	D19 第11.1.3条	辅助坑道与正洞结合部的二次衬砌未及时施作	未按工程设计图纸或技术标准施工	B02 第六十四条	责令改正,罚款等

续上表

序号	检查环节	检查内容和方法	检查依据	常见问题或情形	定性	处理依据	处理措施
3	结构形式	现场核查,查质量控制资料	D19 第11.3.2条	横洞、斜井和平行导坑的洞门,竖井的锁口圈(包括井盖),井口段衬砌,马头门结构形式及断面不符合设计要求	未按工程设计图纸施工	B02 第六十四条	责令改正,罚款等
4	封闭和排水	现场核查,查质量控制资料	D19 第11.3.3条	辅助坑道与正洞隧道连接处的封闭和排水设施不符合设计要求	未按工程设计图纸施工	B02 第六十四条	责令改正,罚款等

附属工程监督检查事项

表2-13

序号	检查环节	检查内容和方法	检查依据	常见问题或情形	定性	处理依据	处理措施
1	通风工程	现场核查风道断面尺寸、衬砌厚度,设备吊装孔封堵	D19 第12.2.1条、第12.2.3条、第12.2.4条、第12.1.8条	1. 通风机房、风道的位置,结构和断面尺寸不符合设计要求; 2. 风阀土建设施不符合设计要求; 3. 通风机机座,风道钢筋规格、数量不符合设计要求; 4. 疏散救援设施的通风风速和风量不符合设计和相关规范的要求	未按工程设计图纸或施工技术标准施工	B02 第六十四条	责令改正,罚款等

续上表

序号	检查环节	检查内容和方法	检查依据	常见问题或情形	定性	处理依据	处理措施
2	消防、照明设施	现场核查,查质量控制资料	D19 第12.1.2条、第12.1.6条	1. 照明及其附件安装间距不合规; 2. 消防给水工程验收不满足要求	未按施工技术标准施工	—	责令改正
3	标志标线	现场核查,查质量控制资料	D19 第12.1.3条	标志标线定位不符合设计要求,图像不清晰,标志方向不正确,文字不醒目	—	—	责令改正
4	防灾救援设施	现场核查,查质量控制资料	D19 第12.1.5条、第12.1.10条、第12.3.1条~第12.3.4条	1. 防灾救援有关设施设备的安装未考虑高速列车通过时的不利影响; 2. 衬砌和防排水工程施工质量不合规; 3. 救援站位置、长度、站台宽度、高度及站内横通道的间距、断面尺寸、列车停车标间距、安全扶手等不符合设计要求; 4. 疏散救援通道位置、结构尺寸,行走面高程间距不符合设计要求;	未按工程设计图纸或施工技术标准施工	B02 第六十四条	责令改正、罚款等

续上表

序号	检查环节	检查内容和方法	检查依据	常见问题或情形	定性	处理依据	处理措施
4	防灾救援设施	现场核查,查质量控制资料	D19 第12.1.5条、第12.1.10条、第12.3.1条~第12.3.4条	5. 紧急出口长度、断面尺寸,楼梯宽度踏步高度等不符合设计要求; 6. 避难所断面尺寸、待避空间净面积不符合设计要求	未按工程设计图纸或施工技术标准施工	B02 第六十四条	责令改正,罚款等
5	防护门	现场核查,查质量控制资料	D19 第12.3.6条	防护门的预埋件定位不准确,焊接不牢固;防护门耐火、抗爆、抗风压性能、位置、开启方向不满足设计要求	未按工程设计图纸或施工技术标准施工	—	责令改正
6	电缆槽	现场核查,查质量控制资料	D19 第12.4.1条、第12.4.2条、第12.4.4条	1. 电缆槽结构断面尺寸不符合设计要求; 2. 电缆槽槽身钢筋规格、数量及安装不符合设计要求; 3. 洞内余长电缆腔的位置、结构断面尺寸不符合设计要求	未按工程设计图纸或施工技术标准施工	B02 第六十四条	责令改正,罚款等

续上表

序号	检查环节	检查内容和方法	检查依据	常见问题或情形	定性	处理依据	处理措施
7	综合接地体	现场核查,查质量控制资料	D19 第12.5.1条~第12.5.3条	1. 综合接地体的位置,埋设深度、外露长度不符合设计要求; 2. 贯通地线的敷设位置、接线盒防护方式不符合设计要求; 3. 各部位引接端子和贯通地线之间的连接不可靠,连接不牢或接地电阻不满足设计要求	未按工程设计图纸或施工技术标准施工	B02 第六十四条	责令改正,罚款等
8	附属洞室	现场核查,查质量控制资料	D19 第12.6.1条、第12.6.2条	1. 附属洞室位置、断面尺寸不符合设计要求; 2. 附属洞室钢筋规格、数量及安装不符合设计要求	未按工程设计图纸或施工技术标准施工	B02 第六十四条	责令改正,罚款等

续上表

序号	检查环节	检查内容和方法	检查依据	常见问题或情形	定性	处理依据	处理措施
9	弃渣场	现场核查、尺量、查质量控制资料	D19 第12.7.1条~第12.7.4条	1. 弃渣场位置、堆渣高度、台阶高度、堆渣坡度、各级平台宽度未按设计要求施作； 2. 未设置排水沟、截水沟、排洪暗沟及检查井等排水设施； 3. 支挡及防护工程的位置、结构不符合设计要求，施工质量不合规；稳定计算不合规；挡渣墙基底埋置深度不合规； 4. 未进行绿化和复垦	未按工程设计图纸施工	B02 第六十四条	责令改正，罚款等

单位工程质量综合验收监督检查事项

表2-14

序号	检查环节	检查内容和方法	检查依据	常见问题或情形	定性	处理依据	处理措施
1	质量控制资料	查内业资料	D19 第15.0.1条	质量控制资料不真实，未全面反映工程施工质量状况	违反技术标准	B02 第六十四条	责令改正，罚款等

续上表

序号	检查环节	检查内容和方法	检查依据	常见问题或情形	定性	处理依据	处理措施
2	衬砌混凝土质量	现场核查,查质量控制资料	D19 第15.0.2条~第15.0.7条	1. 衬砌混凝土厚度、密实度不符合设计要求,二次衬砌混凝土与防水层之间未密贴,有空洞; 2. 混凝土强度不符合设计要求; 3. 混凝土结构钢筋数量不足; 4. 保护层厚度不够; 5. 洞内轮廓有侵入建筑限界情况; 6. 衬砌混凝土有纵向贯通裂缝或有宽度大于0.2mm的裂缝	偷工减料,未按工程设计图纸或施工技术标准施工	B02 第六十四条	责令改正,罚款等
3	防排水	现场核查,查质量控制资料	D19 第15.0.8条	隧道及其设备洞室有渗水现象,道床有积水现象;泄水孔排水不通畅;洞内外排水沟排水不顺畅,有淤积堵塞;泄水洞排水不顺畅,有淤积	未按工程设计图纸施工,偷工减料,违反技术标准	B02 第六十四条	责令改正,罚款等

续上表

序号	检查环节	检查内容和方法	检查依据	常见问题或情形	定性	处理依据	处理措施
4	洞口工程	现场核查,尺量	D19 第15.0.9条	洞门相关结构体表面不平整,接槎处有错台,仰坡、边坡开挖面裸露,植被未恢复；排水设施不流畅,无防护设施及警示标志；变形缝未填实,有漏水现象	未按施工技术标准施工	—	责令改正
5	洞身结构混凝土表观	现场核查,尺量	D19 第15.0.10条	洞身结构混凝土表面不平整,曲面不圆顺,有蜂窝、麻面；接槎处有较大错台现象；水沟电缆槽线条不顺直,沟槽盖板有破损,安装不牢固,不平顺	未按施工技术标准施工	—	责令改正
6	附属洞室	现场核查,尺量	D19 第15.0.11条	结构混凝土表面不平整,与正洞洞身连接处有明显错台；疏散救援设施安装不牢固,标识不明显、不齐全	未按施工技术标准施工	—	责令改正

附　　录
铁路建设工程监督检查常用的法律、法规、规章、制度、标准和规范

A. 法律

A01　《中华人民共和国建筑法》(1997年11月1日第八届全国人民代表大会常务委员会第二十八次会议通过；根据2011年4月22日第十一届全国人民代表大会常务委员会第二十次会议《关于修改〈中华人民共和国建筑法〉的决定》第一次修正；根据2019年4月23日第十三届全国人民代表大会常务委员会第十次会议《关于修改〈中华人民共和国建筑法〉等八部法律的决定》第二次修正)

A02　《中华人民共和国招标投标法》(1999年8月30日第九届全国人民代表大会常务委员会第十一次会议通过；根据2017年12月27日第十二届全国人民代表大会常务委员会第三十一次会议《关于修改〈中华人民共和国招标投标法〉、〈中华人民共和国计量法〉的决定》修正)

A03　《中华人民共和国民法典》(2020年5月28日第十三届全国人民代表大会第三次会议通过)

A04　《中华人民共和国安全生产法》(2002年6月29日第九届全国人民代表大会常务委员会第二十八次会议通过；根据2009年8月27日第十一届全国人民代表大会常务委员会第十次会议《关于修改部分法律的决定》第一次修正；根据2014年8月31日第十二届全国人民代表大会常务委员会第十次会议《关于修改〈中华人民共和国安全生产法〉的决定》第二次修正；根据2021年6月10日第十三届全国人民代表大会常务委员会第二十九次会议《关于修改〈中华人民共和国安全生产法〉的决定》第三次修正)

A05　《中华人民共和国铁路法》(1990年9月7日第七届全国人民代表大会常务委员会第十五次会议通过；根据2009年8月27日第十一届全国人民代表大会常务委员会第十次会议《关于修改部分法律的决定》第一次修正；根据2015年4月

24日第十二届全国人民代表大会常务委员会第十四次会议《关于修改〈中华人民共和国义务教育法〉等五部法律的决定》第二次修正)

A06 《中华人民共和国特种设备安全法》(2013年6月29日第十二届全国人民代表大会常务委员会第三次会议通过)

A07 《中华人民共和国环境保护法》(1989年12月26日第七届全国人民代表大会常务委员会第十一次会议通过;2014年4月24日第十二届全国人民代表大会常务委员会第八次会议修订)

A08 《中华人民共和国环境影响评价法》(2002年10月28日第九届全国人民代表大会常务委员会第三十次会议通过;根据2016年7月2日第十二届全国人民代表大会常务委员会第二十一次会议《关于修改〈中华人民共和国节约能源法〉等六部法律的决定》第一次修正;根据2018年12月29日第十三届全国人民代表大会常务委员会第七次会议《关于修改〈中华人民共和国劳动法〉等七部法律的决定》第二次修正)

A09 《中华人民共和国大气污染防治法》(1987年9月5日第六届全国人民代表大会常务委员会第二十二次会议通过;根据1995年8月29日第八届全国人民代表大会常务委员会第十五次会议《关于修改〈中华人民共和国大气污染防治法〉的决定》第一次修正;2000年4月29日第九届全国人民代表大会常务委员会第十五次会议第一次修订;2015年8月29日第十二届全国人民代表大会常务委员会第十六次会议第二次修订;根据2018年10月26日第十三届全国人民代表大会常务委员会第六次会议《关于修改〈中华人民共和国野生动物保护法〉等十五部法律的决定》第二次修正)

A10 《中华人民共和国野生动物保护法》(1988年11月8日第七届全国人民代表大会常务委员会第四次会议通过;根据2004年8月28日第十届全国人民代表大会常务委员会第十一次会议《关于修改〈中华人民共和国野生动物保护法〉的决定》第一次修正;根据2009年8月27日第十一届全国人民代表大会常务委员会第十次会议《关于修改部分法律的决定》第二次修正;2016年7月2日第十二届全国人民代表大会常务委员会第二十一次会议修订;根据2018年10月26日第十三届全国人民代表大会常务委员会第六次会议《关于修改〈中华人民共和国野生动物保护法〉等十五部法律的决定》第三次修正)

B. 行政法规

B01 《建设工程安全生产管理条例》(2003年11月12日国务院第28次常务会议通

过,2003年国务院令第393号公布)

B02 《建设工程质量管理条例》(2000年1月30日国务院令第279号公布;根据2017年10月7日《国务院关于修改部分行政法规的决定》第一次修订;根据2019年4月23日《国务院关于修改部分行政法规的决定》第二次修订)

B03 《建设工程勘察设计管理条例》(2000年9月25日国务院令第293号公布;根据2015年6月12日《国务院关于修改〈建设工程勘察设计管理条例〉的决定》第一次修订;根据2017年10月7日《国务院关于修改部分行政法规的决定》第二次修订)

B04 《中华人民共和国招标投标法实施条例》(2011年12月20日国务院令第613号公布;根据2017年3月1日《国务院关于修改和废止部分行政法规的决定》第一次修订;根据2018年3月19日《国务院关于修改和废止部分行政法规的决定》第二次修订;根据2019年3月2日《国务院关于修改部分行政法规的决定》第三次修订)

B05 《铁路安全管理条例》(2013年7月24日国务院第18次常务会议通过,2013年8月17日国务院令第639号公布)

B06 《生产安全事故报告和调查处理条例》(2007年3月28日国务院第172次常务会议通过,2007年4月9日国务院令第493号公布)

B07 《保障农民工工资支付条例》(2019年12月4日国务院第73次常务会议通过,2019年国务院令第724号公布)

B08 《建设项目环境保护管理条例》(1998年11月29日国务院令第253号公布;根据2017年7月16日《国务院关于修改〈建设项目环境保护管理条例〉的决定》修订)

B09 《国家突发环境事件应急预案》(国办函〔2014〕119号)

B10 《民用爆炸物品安全管理条例》(2006年5月10日国务院令第466号公布;根据2014年7月29日《国务院关于修改部分行政法规的决定》修订)

C. 部门规章

C01 《铁路建设工程质量监督管理规定》(2015年3月12日交通运输部公布;根据2021年12月23日交通运输部《关于修改〈铁路建设工程质量监督管理规定〉的决定》修正)

C02 《违反〈铁路安全管理条例〉行政处罚实施办法》(2013年12月24日交通运输部令第22号公布;根据2021年11月19日交通运输部《关于修改〈违反《铁路安全

管理条例〉行政处罚实施办法〉的决定》修正)

C03 《建设工程勘察设计资质管理规定》(2007年6月26日建设部令第160号公布;根据2016年9月13日住房和城乡建设部令第32号修改)

C04 《建筑业企业资质管理规定》(2015年1月22日住房和城乡建设部令第22号公布;根据2018年12月22日住房和城乡建设部令第45号修改)

C05 《工程监理企业资质管理规定》(2007年6月26日建设部令第158号公布;2015年5月4日住房和城乡建设部令第24号第一次修改;根据2016年10月20日住房和城乡建设部令第32号第二次修改;根据2018年12月22日住房和城乡建设部令第45号第三次修改)

C06 《注册建造师管理规定》(2006年12月28日建设部令第153号公布;根据2016年9月13日住房和城乡建设部令第32号修改)

C07 《注册监理工程师管理规定》(2006年1月26日建设部令第147号公布;根据2016年9月13日住房和城乡建设部令第32号修改)

C08 《工程建设项目施工招标投标办法》(2003年3月8日国家计委、建设部、铁道部、交通部、信息产业部、水利部、民航总局令第30号公布;根据2013年3月11日国家发展改革委、工业和信息化部、财政部、住房城乡建设部、交通运输部、铁道部、水利部、广电总局、民航局令第23号修订)

C09 《工程建设项目货物招标投标办法》(2005年1月18日国家发展改革委、建设部、铁道部、交通部、信息产业部、水利部、中国民用航空总局令第27号公布;根据2013年3月11日国家发改委、工业和信息化部、财政部、住房和城乡建设部、交通运输部、铁道部、水利部、广电总局、民航局令第23号修改)

C10 《铁路建设管理办法》(2003年7月31日铁道部令第11号公布)

C11 《铁路建设工程勘察设计管理办法》(2006年1月4日铁道部令第26号公布)

C12 《勘察设计注册工程师管理规定》(2005年2月4日建设部令第137号公布;根据2016年9月13日住房和城乡建设部令第32号修改)

C13 《建设工程勘察质量管理办法》(2002年12月4日建设部令第115号公布;根据2007年11月22日建设部令第163号第一次修改;根据2021年4月1日住房和城乡建设部令第53号第二次修改)

C14 《建设项目竣工环境保护验收暂行办法》(国环规环评〔2017〕4号)

C15 《人力资源社会保障部 交通运输部 水利部 能源局 铁路局 民航局关于铁路、公路、水运、水利、能源、机场工程建设项目参加工伤保险工作的通知》(人社部发〔2018〕3号)

C16 《铁路建设项目变更设计管理办法》(铁建设〔2012〕253号)

C17 《危险性较大的分部分项工程安全管理规定》(2018年3月8日住房和城乡建设部令第37号公布)

C18 《铁路营业线施工安全管理办法》(国铁运输监〔2021〕31号)

C19 《关于进一步加强隧道工程安全管理的指导意见》(安委办〔2023〕2号)

C20 《国家铁路局关于铁路工程投资估算预估算设计概(预)算执行〈企业安全生产费用提取和使用管理办法〉有关问题的通知》(国铁科法〔2023〕7号)

D. 规范性文件

D01 《铁路工程基本作业施工安全技术规程》(TB 10301—2020)

D02 《铁路路基工程施工安全技术规程》(TB 10302—2020)

D03 《铁路桥涵工程施工安全技术规程》(TB 10303—2020)

D04 《铁路隧道工程施工安全技术规程》(TB 10304—2020)

D05 《铁路轨道工程施工安全技术规程》(TB 10305—2020)

D06 《铁路通信、信号、信息工程施工安全技术规程》(TB 10307—2020)

D07 《铁路电力、电力牵引供电工程施工安全技术规程》(TB 10308—2020)

D08 《铁路轨道工程施工质量验收标准》(TB 10413—2018)

D09 《铁路路基工程施工质量验收标准》(TB 10414—2018)

D10 《铁路桥涵工程施工质量验收标准》(TB 10415—2018)

D11 《铁路隧道工程施工质量验收标准》(TB 10417—2018)

D12 《铁路通信工程施工质量验收标准》(TB 10418—2018)

D13 《铁路信号工程施工质量验收标准》(TB 10419—2018)

D14 《铁路电力工程施工质量验收标准》(TB 10420—2018)

D15 《铁路电力牵引供电工程施工质量验收标准》(TB 10421—2018)

D16 《铁路混凝土工程施工质量验收标准》(TB 10424—2018)

D17 《高速铁路路基工程施工质量验收标准》(TB 10751—2018)

D18 《高速铁路桥涵工程施工质量验收标准》(TB 10752—2018)

D19 《高速铁路隧道工程施工质量验收标准》(TB 10753—2018)

D20 《高速铁路轨道工程施工质量验收标准》(TB 10754—2018)

D21 《高速铁路通信工程施工质量验收标准》(TB 10755—2018)

D22 《高速铁路信号工程施工质量验收标准》(TB 10756—2018)

D23 《高速铁路电力工程施工质量验收标准》(TB 10757—2018)

D24 《高速铁路电力牵引供电工程施工质量验收标准》(TB 10758—2018)

D25 《铁路建设工程监理规范》(TB 10402—2019)

D26 《铁路声屏障工程设计规范》(TB 10505—2019)

D27 《铁路工程环境保护设计规范》(TB 10501—2016)

D28 《检验检测机构资质认定管理办法》(2021年6月1日国家市场监督管理总局令第38号公布)

D29 《检验检测机构监督管理办法》(2021年4月8日国家市场监督管理总局令第39号公布)

D30 《检验检测机构资质认定能力评价 检验检测机构通用要求》(RB/T 214—2017)

D31 《混凝土结构工程施工质量验收规范》(GB 50204—2015)

D32 《建筑地基基础工程施工质量验收规范》(GB 50202—2018)

D33 《建筑基坑支护技术规程》(JGJ 120—2012)

D34 《钢结构工程施工质量验收标准》(GB 50205—2020)

D35 《屋面工程质量验收规范》(GB 50207—2012)

D36 《建筑装饰装修工程质量验收标准》(GB 50210—2018)

D37 《砌体结构工程施工质量验收规范》(GB 50203—2011)

E. 其他

E01 《铁路工程建设市场秩序监管暂行办法》(国铁工程监〔2016〕3号)

E02 《铁路建设工程材料构件设备产品进场质量验收监督管理办法》(国铁工程监〔2017〕65号)

E03 《铁路工程建设项目竣工验收监管指导意见》(国铁工程监〔2020〕28号)

E04 《铁路工程建设失信行为认定记录公布管理办法》(国铁工程监〔2018〕76号)

E05 《复杂地质条件下铁路建设安全风险防范若干措施》(国铁工程监〔2017〕82号)

E06 《关于进一步开放铁路建设市场的通知》(建市〔2004〕234号)

E07 《关于继续开放铁路建设市场的通知》(建市〔2006〕87号)

E08 《工程勘察资质标准》(建市〔2013〕9号)

E09 《工程设计资质标准》(建市〔2007〕86号)

E10 《建筑业企业资质标准》(建市〔2014〕159号)

E11 《施工总承包企业特级资质标准》(建市〔2007〕72号)

E12 《建筑业企业资质管理规定和资质标准实施意见》(建市〔2015〕20号)

E13 《工程监理企业资质标准》(建市〔2007〕131号)

E14 《工程监理企业资质管理规定实施意见》(建市〔2007〕190号)

E15 《注册建造师执业管理办法(试行)》(建市〔2008〕48号)

E16 《注册建造师执业工程规模标准(试行)》(建市〔2007〕171号)

E17 《铁路建设工程招标投标监管暂行办法》(国铁工程监〔2016〕8号)

E18 《建筑工程施工发包与承包违法行为认定查处管理办法》(建市规〔2019〕1号)

E19 《高速铁路竣工验收办法》(铁建设〔2012〕107号)

E20 《铁路建设项目竣工验收交接办法》(铁建设〔2008〕23号)

E21 《国务院办公厅关于清理规范工程建设领域保证金的通知》(国办发〔2016〕49号)

E22 《国务院办公厅关于全面治理拖欠农民工工资问题的意见》(国办发〔2016〕1号)

E23 《建设工程质量保证金管理办法》(建质〔2017〕138号)

E24 《铁路营业线施工安全管理办法》(国铁运输监〔2021〕31号)

E25 《广铁集团铁路营业线施工安全管理实施细则》(广铁运发〔2012〕310号发布;根据2015年广铁运发〔2015〕2号修改)

E26 《广东省实施〈中华人民共和国招标投标法〉办法》(2003年4月2日广东省第十届人民代表大会常务委员会第二次会议通过;2018年11月29日广东省第十三届人民代表大会常务委员会第七次会议修订)

注:上述法律法规、规章、标准、管理办法等文件如有修订、更新,以最新版为准。